现代化进程中的
社会分化与社会整合研究

XIANDAIHUA JINCHENG ZHONG DE
SHEHUI FENHUA YU SHEHUI ZHENGHE YANJIU

李红松　著

人民出版社

目　录

引　论

　　现代化进程，从社会的变化、发展的角度上讲就是社会分化与社会整合的过程。特别是伴随着"世界历史"因素的增加，合理应对社会分化、加强社会整合，更是成为每一个民族国家必须予以解决的重大历史课题。鉴于此，本书尝试从一定的层面和视角深化对现代化进程中社会分化与社会整合的研究，并试图提出当代中国的社会分化与社会整合问题及其应对之策。

　　在现代化日益发展的今天，有些国家处于二次现代化进程中，有些国家将要实现现代化，有些国家处于现代化的中期阶段，而有些国家的现代化还处于起步阶段，但毫无例外，这些国家都处在现代化的进程中。随着人类历史日益成为"世界历史"，对于一个民族国家的生存、发展来讲，其社会现代化的进程不断受到"世界历史"因素的影响，社会分化与社会整合的国际因素逐渐增加，每一个民族国家都不能独善其身。当代中国现代化进程日益加速，"世界历史"因素的影响不断加深，问题越来越多，也越来越复杂，社会各个领域的分化程度不一，社会整合面临巨大挑战。

　　现代化进程中，不同民族国家，由于所处的社会发展阶段不同，社会领域的分化程度不一，整合状况不同，社会秩序会面临不同程度的挑战，社会发展也会遇到各种各样的障碍。特别是伴随着"世界历史"因素的增加，社会稳定和社会发展会面临更大的风险和挑战。合理应对社会分化、加强社会整合，对于维护社会稳定和促进社会可持续发展具有重大的现实意义。与此同时，对现代化进程中社会分化与社会整合的研究同样具有重大的理论意义。

社会思想史上古希腊和古代中国的思想家柏拉图（Plato）、亚里士多德（Aristotle）、孔子、孟子、墨子等都曾在社会分层的维度上讨论过社会分化问题。但对社会分化和社会整合问题进行较为全面和深入探讨，则是近代以来的事情。例如，孔德（Auguste Comte）、迪尔凯姆（Émile Durkheim）、马克斯·韦伯（Max Weber）、帕森斯（Talcott Parsons）、帕累托（Vilfredo Pareto）、卢曼（Niklas Luhmann）、吉登斯（Anthony Giddens）、贝尔（Daniel Bell）、哈贝马斯（Jürgen Habermas）等都在实质上深入探究过社会分化和社会整合问题。深入挖掘和研究这些思想家有关社会分化与社会整合的思想对于我们的研究十分重要。但由于篇幅所限，本书只能有意识地选择一些思想家，对其思想从社会分化与社会整合的角度进行挖掘和梳理。

作为社会学的创始人，孔德（Auguste Comte）认为，社会是具有一定规律的结构，社会现象具有一种合乎规律的自然性质，社会学的任务就是要揭示各种规律，即揭示社会现象之间经常重复出现的联系。他将其理论分为社会静力学和社会动力学。社会静力学是人类社会的解剖学，研究的是社会的构成部分及其组织结构；社会动力学可以说是人类社会的生理学，研究的是社会内部的运行过程。孔德提出了人类社会发展必须经历神学阶段、形而上学阶段和实证阶段。在神学阶段，宗教占有主导地位；在形而上学阶段，抽象的概念起主导作用；在实证阶段，人们不再注重对绝对知识的追求，转而对世界采取实证科学的态度。他认为，人类思想的发展依次经历了上述三个阶段，形而上学阶段是过渡阶段。在孔德看来，人类社会的发展进步其实就是人类所固有的道德和智力的发展进步，由思想发展的三个阶段可以推论出社会发展的三个阶段，即神学阶段对应的是神权和军事统治的社会，形而上学阶段对应的是受抽象的民主和平等所支配的社会，而实证阶段对应的是工业社会。孔德经历了法国大革命，他目睹了法国大革命前后的社会状况，经历了许多次政权的更迭，深刻体会到工业化期间社会分化的影响。他认为社会分工与合作是社会秩序稳定所必须的，劳动专门化是社会发展的本质要素。劳动分工使人们意识到相互依赖的重要性，从而形成合作与新的社会联系，社会才会有稳定的秩序。但他同时强调，过度的社会分工会使人的精神发展片面化，使社会缺乏道德一致性，私利会冲昏人的头脑。"社会分工一方面发展出一种有用的精细精神，另一方面也会抑制或限制我们所谓的总体的或综合的精神。同样，在道德关系中尽管个人需要紧紧依赖群体，他却由于自己的特殊活动的扩大而脱离群体；个人的活动常常使一个人想到自己的私利，并且不大考虑个人利益对公众的影响"。①

在孔德看来，社会分工和一致性道德的离散导致阶级或阶层的分化和对立。社会的这种分化导致对社会秩序的破坏，造成社会混乱和政权的频繁更迭，这使他一直在思考如何重建社会秩序。孔德重建社会秩序的方案主要包括三个方面，一是爱和道德，二是政治权威，三是社会分工。重建社会秩序，首先，必须高度重视人的情感、爱和道德。情感是能够胜过智力的，情感和利他主义优于理智和利己主义。人性是社会的基础，人的情感意志即人的本能体现人性，决定人的理智活动的目标和方向。人的本能包括体现为利己主义的个人本能和体现为利他主义的社会本能，社会本能与个人本能相比更加重要。孔德认为，家庭是情感、爱和道德培育的主要发源地，社会的基本单位不是个人而是家庭。在家庭中，人的个人本能和社会本能得到了妥善的处理，父子、兄弟、夫妻之间的情感得到了很好的培养，建立了稳定的互爱和服从关系。社会交往的发展会使这种情感和关系扩展至社会，家庭成员的关系也随之成为各种社会关系的典范。人类的存在完全取决于将人类的各个部分联络在一起的相互之间的爱。其次，孔德认为，正如家庭需要由家长这个权威来管理和调节一样，社会同样需要政府作为权威来管理和调节。人类社会如同自然界一样，每个人都隶属于在普遍性方面优于自身的他者，社会应该由掌握了实证知识的管理者阶级来领导。实证知识的管理者阶级特别是科学家和实证哲学家是社会的化身，政治上的隶属关系不可或缺，公民应无条件服从其领导和管理，社会应

---

① 中国大百科全书编委会：《中国大百科全书（社会学卷）》，中国大百科全书出版社 1991 年版，第 138 页。

由其实施调节。最后，在孔德那里，虽然社会分工导致社会分化，但他同时指出，社会分工产生了社会合作的新形式，增进了社会依赖，扩展了生产能力，因此，社会分工是现代社会秩序重建必不可少的环节。孔德的社会秩序重建方案，在一定意义上，也是社会整合的方案。只不过，在这里孔德所理解的社会仍然是抽象的概念，他对社会发展的解释和说明仍然是从思想或概念的发展开始的，其突出特点是在社会整合中过于强调爱和道德的作用。

迪尔凯姆（Émile Durkheim）对社会分化的解释也是建立在他的社会分工论基础上的。他认为是社会容量、社会物质密度和社会精神密度的综合作用促成了社会分工及其发展。社会容量是指隶属于某个集体的个人规模；社会物质密度是指某一地面上个人的数目；社会精神密度是指个人间贸易、交往、沟通及其内在约束的强度。这三种因素的综合作用造成个人之间的交往与贸易强度增加，使得生存竞争变得越来越紧张激烈，而分工就是这种温和的生存竞争结构。

迪尔凯姆继承了孔德对社会秩序问题关注的传统，毕其一生精力来研究社会秩序问题。他对社会整合的理解，如同他对社会分化的理解一样，是以对社会分工的研究为前提的。他认为，正是社会分工产生了社会团结，在前现代社会，由于分工不发达，社会团结是机械团结，而现代社会发达的社会分工使得社会团结成为有机团结。在机械团结社会中，社会集体成员具有相同或相似的情感、信仰和价值观。个人本身缺乏个性，被集体意识控制和淹没，宗教观念在很大程度上控制个人意识。社会联结缺乏其他纽带，个人与个人之间的相互依赖程度较低。集体成员总体上表现为同质性，社会对异质性容忍度极低。在有机团结社会中，社会集体成员之间的共同或相似的情感、信仰和价值观减弱。集体意识对社会控制力下降，复杂且专业化的社会分工使得个人与个人之间的相互依赖性增强，集体成员间总体上表现为异质性，社会对异质性的接受度极大提升。迪尔凯姆对社会整合的理解明显地体现在他所提出的促使社会团结的措施中，这些措施包括加强集体意识、促进合作发展和社会分工。首先，迪尔凯姆指出，集体意识在现代社会虽然不如在原始社会那样具有广泛性和强制力，但集体意识仍然需要保持其某种程度的存在。基于共同信仰与情感的集体意识在前现代社会中几乎涵盖了个人意识的全部，特别是宗教信仰作为一种强烈的集体意识，发挥社会整合的作用。在个人分化的现代社会，每个人的信仰是自由的，可以按照自己的意愿和兴趣行动，个人的自主性明显增强。但是，这并不表明社会不再需要集体意识，恰恰相反，没有集体意识，社会就会崩溃。其次，在区分刑事法和合作法的基础上，迪尔凯姆肯定了合作法对现代社会的整合作用。他认为，刑事法是惩罚错误和罪行；合作法调整个人与个人之间的协作，或者在错误发生之后把事物恢复到原来的状态。刑事法是机械团结社会中集体意识的体现，体现的是对违反社会要求行为的强烈集体义愤。刑事法惩罚的作用在于，"使共同意识得到满足，因为共同意识为集体的一个成员的犯罪行为所伤害，它要求补偿，对罪犯的惩罚就是对所有成员的感情给予补偿"①。合作法或恢复性法律(如现代社会的商法、行政法和宪法)不涉及惩罚，其本质是为了把事情恢复到应有的状态，是恢复性的，目的是使合作无效无序的个人与个人之间达成有序有效合作。最后，迪尔凯姆非常强调社会分工对整合的作用。他虽然认为不恰当的社会分工会导致劳资关系对立、经济危机甚至社会动乱，但他更关注的是，现代社会分工促进了社会有机团结，由分工所导致的专业群体的出现对社会整合发挥重大作用。

帕森斯(Talcott Parsons)是从社会行动出发来界定社会系统的。他认为，社会行动必须包括五个要素：一是作为个体的行动者；二是行动者的目标及实现目标之愿望；三是手段，即行动者能够选择和控制的那些可以促成其目标实现的要素；四是条件，即行动者不能选择和控制的那些能够促成其目标实现的要素；五是规范，即行动者在确定目标、选择实现目标的手段时所受的种种支配因素。帕森斯认为，社会系统的变迁过程在一定意义上就是社会结构分化的过程，结构分化是指一个系统或单位分化成两个或两个以上的系统或单位的过程，其结果是新的系统或单位的结构与功能不同于原来的系统或单位的结构与

---

① [法] 雷蒙·阿隆：《社会学主要思潮》，葛智强等译，华夏出版社 2000 年版，第 218 页。

功能。这种分化使得社会的适应能力和容纳能力不断提升，更多新的社会单位或系统分化出来并通过价值通则化获得社会的承认与肯定。各种社会单位或系统的束缚减少，所获得的社会资源增加，社会效率因而有很大提高。

帕森斯指出，社会系统之所以能保证自身的生存和均衡，是因为整体社会系统及每个子系统都具有四种功能，即适应（adaptation）、达鹄（goal attainment）、整合（integration）和维模（pattern maintenance）。[①] 这些功能是维持社会均衡的适宜活动，是社会系统结构存续及运行必不可少的条件。"适应"功能主要指社会系统顺应与积极改造外部环境，进而获得足够的资源以及这些资源在整个系统中的配置过程；"达鹄"功能主要指社会系统确定目标并有效调动系统资源，以便集中实现系统目标的活动；"整合"功能是指将系统各个部分联系在一起，促使各个部分之间协调一致，以使系统整体有效地发挥功能的活动；"维模"功能主要指在系统运行出现内外部紧张或其过程暂时中断时，必须确保系统内行动者表现适当的特征，确保原有的运行模式完整地保存，以使系统运行重新启动。帕森斯认为，社会的单个子系统是由与某项功能需求有关的行动类型构成，以形成满足功能需求的制度性结构。社会的四个子系统因此就对应上述四种功能的满足结构，即经济制度、政治制度、法律和家庭、教育和文化制度。社会系统的这四个子系统之间要分别通过货币、权力、影响和义务四种不同类型的符号媒介进行信息与能量交换以维持整个系统的均衡。在帕森斯看来，"整合有两种意义：①指体系内各部门的和谐关系，使体系达到均衡状态，避免变迁。②指体系内成分的维持以对抗外来的压力"[②]。可见，帕森斯所指的整合其实就是社会体系的均衡状态及维持这种均衡状态的能力。那么如何维持这种均衡状态呢？帕森斯认为，社会实现维持某种程度的均衡必须具备两个条件：第一，社会系统要能容纳其成员的需求动机与能力；第二，形

---

① ［美］鲁思·华莱士：《当代社会学理论》，刘少杰等译，中国人民大学出版社 2008 年版，第 31 页。

② 中国大百科全书编委会：《中国大百科全书（社会学卷）》，中国大百科全书出版社 2004 年版，第 351 页。

成一套能够处理潜在威胁的规范模式。换言之，就是必须同时处理好两种关系，即人格系统与社会系统的关系、文化系统与社会系统的关系。帕森斯通过运用内化、制度化和互动等核心概念建立了社会化机制、社会控制机制和社会互动机制来处理人格系统、文化系统和社会系统的关系，从而满足社会均衡的需要。

卢曼（Niklas Luhmann）关于社会分化和社会整合的思想同样是很深刻的。卢曼对社会分化的理解和分析，体现在卢曼对系统与环境关系的阐释上。卢曼认为环境是极其复杂的，所有系统都存在于复杂的环境中，系统为了生存不得不发展出一套降低环境复杂性的机制。这套机制包括降低时间复杂性机制、降低物质复杂性机制和降低符号复杂性机制，而任何系统功能和结构的形成都必须应付和处理这种环境中的复杂性，进行复杂性化约，把复杂性控制在不妨碍系统生存和发展的程度与范围之内。卢曼认为，行动者是通过沟通形成一定系统的，沟通是复杂性化约的机制，通过包括编码、沟通媒介、自我反射性和自我主题化等沟通的要素和环节，把社会系统的复杂性控制在一定限度内。社会系统复杂性具有绝对性和普遍性，复杂性使社会系统原有的稳定结构被打破，系统生存受到威胁，迫使社会系统远离平衡，导致社会系统在功能上逐步层层分化，以利于系统与环境的复杂性得到化约。社会分化是系统化约复杂性或者说是系统为了应对复杂性而再生产系统的过程。卢曼进而把社会分化分为区隔分化、阶层分化和功能分化三种类型。区隔分化指的是社会分为不同的村落、部落。村落或部落之间虽有年龄、性别等简单的功能分化和贫富强弱之分，但其地位是平等的。也就是说，这种分化是一种各结构系统整体上相似的平等分化，是建立在系统与环境的等同性基础上的区域性分化。阶层分化是指社会被划分为等级不同的次系统，是一种各次系统之间关系不平等但其内部互动关系原则上平等的分化。在这种阶层分化的社会，权力集中在社会顶层，顶层阶级把自己的理念和价值观强加于整个社会。功能分化是指各具原则、立场、沟通媒介、运行逻辑的功能系统之间彼此不能相互取代，各功能系统本身又相对开放的一种分化。比如经济、政治、宗教、科学等不同系统中，任一系统的功能都不能为其他任一系统的功能所取代，但各系统本身原则上又对任何社会阶层的人员开放，不受其家庭和阶级背景限制。卢曼认为，区隔分化所对应的社会是简单原始社会，阶层分化所对应的是中世纪的欧洲社会，功能分化所对应的则是现代社会。在现代社会，各次系统与整体系统的关系变得复杂；各次系统由于内部因素不同，使得次系统之间的关系同样异常复杂。同时，由于各次系统具有自身的原则、立场、沟通媒介、运行逻辑，次系统内部复杂性增强，系统内部的偶然性也显著增强。这与前现代社会形成了鲜明对比，社会在增强自身活力的同时，却面临着前所未有的不确定性和风险。可见，卢曼对社会分化的阐释主要集中在社会系统的功能分化上，继而分析现代社会的剧烈变迁。

卢曼的社会整合内涵同样是指功能分化的社会系统的整合。系统的分化导致面对面的互动系统与组织系统之间、不同层次组织系统之间的冲突，引发了对系统的危害，而社会整合正是为了消除这种危害。卢曼认为，现代社会是功能分化的社会，其社会整合主要依据的是各具功能的次系统各自的角色及社会整体为这些次系统所提供的内在环境。在区隔分化和阶层分化的社会即前现代社会中，社会整合依靠的主要是社会共有基本价值和道德共识，社会整体以共同的理念和价值标准整合所有次系统，使得这些次系统都以同样的规范和方式来运行，社会整体对各次系统的整合度很高。而在现代社会中，由于社会各次系统依各自功能不断分化，社会整体的共同理念和价值对各子系统的约束力明显下降，社会整合所依据的主要是各子系统对社会整体的功能与角色定位，即各子系统的特定功能，各子系统的特定功能承担着整体社会的部分任务并面对由其他所有子系统所构成的环境。个人与个人之间面对面的互动系统被纳入组织系统（比如经济、政治组织），组织系统借此规定相应的时间，指定相应的沟通编码，把许多个人安置在一定的空间与权力秩序中，并创制互动系统的特定环境，使得互动系统、组织系统及社会系统得以有效运转。在卢曼看来，虽然现代社会的复杂性增强，不同功能领域的组织繁多，社会整体认同被不断打破，但由于个体的活动会跨越不同领域及其组织，个体对组织间冲突的关注度却因此降低，加之组织的进出规则（比如经济领域的按劳付酬）及特定社会控制组织（警察、法院）的作用，社会更有利于走向有效整合。

贝尔（Daniel Bell）所描述和分析的社会是现代社会，他是在分析现代社会的基础上追忆过去并设想未来的。贝尔认为，现代社会是由经济、政治和文化三个迥然不同的领域构成的，同时每个领域都服从自己的轴心原则，即经济领域服从的是效益原则，政治领域服从的是平等原则，而文化领域则服从的是自我表达和自我实现原则。而且，这三个领域的三个原则是互相对抗的，正是这三个领域及其原则的冲突造成了社会矛盾。"跟将社会看成一个整体这种观点不同，我认为更有益的办法是将当代社会看成三个截然不同的领域，每个领域都服从不同的轴心原则。……，这三个领域并不相互重合，也有着不同的变革节奏；它们遵循不同的规范，这些规范将不同甚至是相反的行为类型合法化。是这些领域间的不相调和造成了社会的各种矛盾。"① 贝尔认为，在现代社会，技术经济领域关注的是经济组织，即商品与服务的分配。技术的使用只是为了工具性目的，正如贝尔所说，"技术经济领域的轴心原则是功能理性，其调节模式是经济化"②。经济化对比成本和收益，追求的是最低投入和最大回报，也就是效益。经济领域同时又是一个由特定等级和功能之间关系的组织化图标设计的具体的角色世界，受技术理性的支配，人与人的关系是角色之间的关系，而不是人的关系。技术经济领域的变化是线性的，表现为新的机器和流程取代为旧的机器和流程。作为社会正义和权力的竞技场，政治领域控制权力的合法使用，调节社会冲突，维护社会正义。"政治的轴心原则是合法性。在民主政治中，其原则是，只有被统治者一致同意，统治者才能行使其控制和管理权力。这里暗含的条件便是平等观，即所有人都有表达意见的平等权利。"③因此，作为政治领域轴心原则的合法性，在很大程度上就是要服从平等原则。政治领域的轴心结构是表达和参与，政治体系虽然随着技术问题的增多变得越来越技术官僚化，但其调节利益冲突和维护社会正义的本性使得政治体系仍然

① ［美］丹尼尔·贝尔：《资本主义文化矛盾》，严蓓雯译，江苏人民出版社 2012 年版，第 9 页。
② ［美］丹尼尔·贝尔：《资本主义文化矛盾》，严蓓雯译，江苏人民出版社 2012 年版，第 9 页。
③ ［美］丹尼尔·贝尔：《资本主义文化矛盾》，严蓓雯译，江苏人民出版社 2012 年版，第 10 页。

要靠谈判或法律而不是靠技术理性来进行决策。文化领域在贝尔那里意指表现象征主义领域，也就是"在绘画、诗歌、小说，或连祷文、礼拜、仪式的宗教形式内，以一些想象形式，试图揭示或表达人类存在意义的努力"①。贝尔认为，文化与宗教始终是交织在一起的，因为如何平衡本能和限制，如何理解人性和兽性之间的张力、爱和包容、忠诚和责任，如何面对死亡等生存境遇，是任何人在任何时期都必须关注和思考的问题，同时文化领域一直存在回归。贝尔认为，技术经济领域、政治领域和文化领域之间没有决定性关联，各领域之间是断裂的、分离的。

贝尔所理解的社会整合无疑是社会各领域的整合，所要解决的问题是如何克服现代社会经济、政治和文化三个迥然不同的领域之间的对抗冲突及由此产生的社会矛盾。贝尔提出的解决方案是回归宗教并建立一种新宗教，即公共家庭。贝尔认为，资本主义的文化矛盾是西方社会危机的根本原因，西方社会的危机实质上是资本主义文化矛盾所致。经济、政治、文化各领域之间的分离是西方现代性的一种羁绊；现代文化的贪欲压倒了新教伦理的禁欲，从而构成了现代性的第二种羁绊。要克服现代性的羁绊和社会危机继而实现社会整合，必须回归宗教。贝尔指出，资本主义起源于"禁欲"和"贪欲"两个方面。正是禁欲与贪欲之间的张力导致资本主义初始阶段的形成和发展，使得早期资产阶级在疯狂扩张的同时仍受到一定的道德制约，奢侈之风也受到某种控制。正如贝尔所言，"不管早期资本主义的萌芽到底在哪里，很显然，从一开始，禁欲和贪欲就互相缠绕在一起。一个是资产阶级精于算计的精神；而另一个是现代经济和技术表达出来的永不安宁的浮士德式动机，其格言是'无边无际的边界'，其目的是彻底改造自然。两种冲动的互相纠结构成了合理性这个现代观念。而两者间的张力为奢华炫耀加上了道德约束，这种炫耀是征服在早期阶段的特色"②。但是，随着科学技术的发展、商品经济

① ［美］丹尼尔·贝尔：《资本主义文化矛盾》，严蓓雯译，江苏人民出版社 2012 年版，第 11 页。
② ［美］丹尼尔·贝尔：《资本主义文化矛盾》，严蓓雯译，江苏人民出版社 2012 年版，1978 年再版前言第 10 页。

的突飞猛进以及某些功利主义者对禁欲主义的攻击，韦伯所强调的禁欲主义这个宗教冲动力即早期资产阶级的克己严谨勤俭精神逐渐丧失殆尽，于是，贪欲这个经济冲动力便摆脱了习俗传统的规则约束和宗教情绪的限制，开始独自发展，并成为支配和统治资本主义社会持续变化的唯一强大力量，经济和文化等各领域无不受此控制。"没有界限。没有什么是神圣的。变化成了正道。一直到 19 世纪中期，这就是经济冲动的前进轨迹。文化也遵循这条轨迹。"① 随着禁欲元素及其对资本主义行为的道德合法化功能的完全丧失，单纯经济冲动的支配使得生产组织日益官僚化，个人被贬到角色位置时，超前消费、奢侈消费和追求时尚之风蔓延，享乐主义盛行，道德基础被日益颠覆。经济、政治和文化等社会领域之间各自遵循自身的运行原则，在单一的经济冲动力的支配下，领域间抗拒和冲突加剧。资本主义文化矛盾以及资本主义社会危机的根源正在于此。

那么如何克服资本主义文化矛盾，如何实现社会各领域的整合呢？贝尔开出的药方是回归宗教。在贝尔看来，只有站在艺术和历史的远景，通过复兴传统信仰来拯救人类，因为宗教可以恢复世代之间的连续性。贝尔认为，前工业社会是自然世界，世界由命运和机遇确定；工业社会是技术世界，世界由技术和进步确定；后工业社会是社会世界，社会世界的唯一特征是人生活在"恐惧和颤抖中"，在一个从来不是他制造出来的世界里忍受着孤独和恐惧。人们都试图采取某种方式使自身和世界联系起来，在前工业社会、工业社会、后工业社会里，人们联系世界的方式分别是宗教、工作和文化。贝尔认为，必须依靠宗教才能将道德规范赋予现代主义文化，使审美冲动服从道德行为，使人认识到自我是道德的体现，人需要一种神圣感，需要自由地回归传统以维持道德意义上的连续性。只有这样，才能战胜跌跌撞撞的贪欲和自私，克服文化矛盾，也才能实现社会各领域的整合。贝尔特别指出，技术经济秩序有一个线性变化

① ［美］丹尼尔·贝尔：《资本主义文化矛盾》，严蓓雯译，江苏人民出版社 2012 年版，1978 年再版前言第 11 页。

和积累的过程，而"文化中不是积累，而是对原初问题的依赖"①。这些问题源自人之处境的有限性，"文化原则需要不断地回归到——不是形式上，而是在关注的问题上——源自于人类存在之有限性的本质形式上"②。指导人们行为的准则，不可能是自然，也不可能是历史，只能是宗教。

国内学术界对社会分化与社会整合的研究，也取得了丰硕的成果。在哲学领域，关涉社会分化与社会整合的著作主要有《社会发展理论与社会发展战略》（贾高建，中央党校出版社，2005）、《走向现实的社会历史哲学》（丰子义，武汉大学出版社，2010）、《当代中国社会转型论》（陈晏清，山西教育出版社，1998）、《从领域合一到领域分离》（王南湜，山西教育出版社，1998）。社会学领域经由早期的引进、模仿到后来的探索、反思，对中国社会分化与社会整合进行了卓有成效的研究，李强、李培林、孙立平、陆学艺、郑杭生、仇立平、朱光磊、李路路、刘祖云等学者以及一些课题组陆续出版和发表了一系列高质量的论著和调查报告。

综合分析学术界相关研究成果，可以得出以下几点结论：第一，涉及社会分化与社会整合的著作和论文数量很多，表明社会分化与社会整合问题已经成为近年来人们所关注的焦点问题。第二，已有的研究大多是各门具体社会科学对社会分化与社会整合问题所进行的实证层面的研究，对社会分化与社会整合的关注主要集中在各门具体社会科学的研究领域，其中社会学和政治学领域论著较多。哲学层面的论文论著较少，社会哲学层面的研究更少。第三，在社会学和政治学领域，对社会分化与社会整合的研究，多是对社会主体分化与整合的研究，而且集中在：围绕"社会分层""阶层分化"所展开的总体性研究以及"利益分化""收入分化""权力分化""地位分化""农民分化""工人分化"等专门性研究，对社会领域、系统、子系统的分化与整合的研究则明显较少。

---

① ［美］丹尼尔·贝尔：《资本主义文化矛盾》，严蓓雯译，江苏人民出版社2012年版，第176页。

② ［美］丹尼尔·贝尔：《资本主义文化矛盾》，严蓓雯译，江苏人民出版社2012年版，第177页。

第四，对社会分化和社会整合的研究多是分别进行的，只是在研究一方关涉另一方时，才对另一方有所涉及，对社会分化与社会整合进行综合性研究方面十分薄弱。

鉴于此，本书将从社会哲学层面对社会分化与社会整合问题进行研究。所谓社会哲学层面的研究，就是一方面要以历史唯物主义及其新的成果特别是"社会形态演进的多维视角理论"① 作为方法论指导，另一方面积极"提炼和吸收"② 专题层次以及各门具体社会科学的研究成果，在此基础上以逻辑的方法，对一定阶段社会整体领域的分化与整合进行总体性分析、反思和阐释。基于社会哲学的研究层面，本书的研究定位于现代化这个特定的社会发展阶段，主要研究现代化进程中社会分化与社会整合的一般机制和规律，进而提出当代中国现代化进程中促进社会合理分化、加强社会整合的战略。

研究现代化进程中的社会分化与社会整合，首先要弄清楚本书所涉及核心概念的内涵，本书第一章着重对所涉及的现代化、社会分化、社会整合这三个核心概念进行了分析和讨论，进而界定了现代化的概念以及本书所指涉的社会分化和社会整合的内涵。

第二章对传统社会向现代社会演替进程中的社会分化进行研究。本章在首先考察传统社会结构体系基本特征的基础上，分析了传统社会向现代社会演替进程中，技术、资本、社会分工、政治民主化、主体性意识等因素是如何使社会结构体系发生分化的，在此基础上，进一步对社会分化的机制展开分析。最后，对社会分化所产生的后果进行系统研究。

第三章对传统社会向现代社会演替进程中的社会整合进行研究。本章首先探讨了现代化进程中社会分化、社会基本矛盾运动、历史合力等社会整合的动因。接着分析了现代化进程中社会整合的机制和条件，最后区分和阐释了现代化进程中社会整合的不同模式。

---

① 　[美]丹尼尔·贝尔：《资本主义文化矛盾》，严蓓雯译，江苏人民出版社2012年版，第27页。
② 　[美]丹尼尔·贝尔：《资本主义文化矛盾》，严蓓雯译，江苏人民出版社2012年版，第20页。

第四章着重对传统社会向现代社会演变进程中社会分化与整合进行综合性研究，旨在厘清究竟什么样的社会分化与整合样态才是合理的。本章首先阐明了分化与整合：社会运行与发展的双重逻辑，接着对现代化进程中社会分化与社会整合的四种样态进行了分析和评价，之后提出了现代化进程中社会分化与社会整合的理想样态，最后提出了现代化进程中社会分化与社会整合的合理性标准。

第五章研究当代中国的社会分化与社会整合。本章分析了当代中国社会分化与社会整合面临的问题及其成因，在此基础上提出了当代中国社会分化与整合的对策思考。

第一章　现代化、社会分化、社会整合概念辨析

对现代化进程中的社会分化与社会整合进行研究，界定现代化、社会分化、社会整合等概念是首要前提。由于对这些概念学术界目前仍有诸多争论，本章在对诸种观点进行探讨及对相关概念进行辨析的基础上，也出于研究的需要，阐释本书所指称的现代化、社会分化、社会整合等概念的内涵。

一、现代化的含义及其相关概念

本书研究定位于现代化这个特定阶段，明晰现代化的内涵就变得非常重要。关于现代化的内涵，学界争论不断，再加上现代性和后现代性等概念，对于现代化的理解就变得更为复杂纷繁。因此，我们必须从种种争论出发，来探讨现代化与相关概念的内涵。

（一）现代化的含义

关于现代化概念的定义，学者们众说纷纭。有学者曾就有关现代化含义的种种说法加以归纳，进而区分为四种不同的观点：第一种观点认为，现代化是指在近代资本主义兴起后的特定国际关系格局下，经济上落后国家通过大搞技

术革命，在经济和技术上赶上世界先进水平的历史过程。第二种观点认为，把现代化视为工业化，是经济落后国家实现工业化的进程。在笔者看来，这种观点与第一种的实质内容并无区别，只是前者的特殊之点在于它的政治立论。第三种观点认为，现代化是自科学革命以来人类急剧变动过程的统称。第四种观点认为，现代化主要是一种心理态度、价值观和生活方式的改变过程，……现代化就是"合理化"，是一种全面的理性的发展过程。[①] 在此基础上，笔者认为上述四种观点不是截然对立，其中有些观点是互相渗透、相辅相成的。现代化的过程包括物质层面、制度层面、社会深度层面，即经济发展、政治发展、思想与行为模式发展。应当说，这种归纳还是比较全面的，笔者对现代化内涵的认识也是比较深刻的。

但为了进一步深化对现代化内涵的认识，这里有必要对上述这种归纳做进一步分析：

首先，上述四种概括中的第一种含义，并不是如其他三种概括一样指的是一种"过程"，从笔者所举的例子，即："我们要实现农业现代化、工业现代化、国防现代化和科学技术现代化，把我们祖国建设成为一个社会主义强国，关键在于实现科学技术的现代化……我们落后于世界先进水平……我们应该迎头赶上，也可以赶上"[②] 来看，这里的"现代化"其实是指"现代性"，也就是现代社会所共有的民主化、法治化、理性化等属性和特征。关于何为"现代性"，笔者将在现代化相关概念中予以进一步阐明。

其次，后三种概括中的含义，都把现代化视为一种过程。其中，前两种大致都视为工业化过程，后一种大致视为理性化过程，换言之，现代化是工业化或理性化过程。既然又如作者指出，这些观点是"互相渗透、相辅相成的"，那么现代化就是工业化和理性化过程。这种推论不仅符合逻辑，也符合事实。而理性化在很大程度上又是工业化的观念领域和"现代形而上学支柱"[③]，因此，

----

① 罗荣渠：《现代化新论》，商务印书馆 2004 年版，第 9 页。
② 罗荣渠：《现代化新论》，商务印书馆 2004 年版，第 9—15 页。
③ 吴晓明：《论马克思对现代性的双重批判》，《学术月刊》2006 年第 2 期。

现代化即工业化，是传统农业社会向现代工业社会的转变。但是，"政治学家""经济学家""社会学家""历史学家"从不同层面所谈及的"现代化"概念是否能上升到哲学高度呢？对这个问题的回答，不仅能够回应一些学者的质疑，即有学者认为"现代化含义有政治学、社会学、经济学等方面的侧重或不同，但不管怎样，它们都不是哲学意义上的……"①；而且，也能够克服各学科研究方法上的不足，而不是仅仅停留在纵向或横向的研究方法上，"如果说对现代化过程的历史学研究是一种纵向研究方法，那么，对现代化过程的社会学研究基本上是一种横向研究的方法"②。而"这个问题"的实质则是社会现代化的研究是否能够归属于哲学学科的研究范围。那么，社会现代化的研究是否能够归属于哲学学科的研究范畴呢？其实，正如笔者在引论里所分析的，社会现代化的研究虽然具有专题研究的性质，抽象程度相对较低，但其并不是如有些学者所说的没有一点抽象的研究、不具有哲学上的意义。社会现代化的社会发展理论研究同样是着眼于社会发展的整体领域，是区别于政治学、社会学、经济学等分门别类的研究的，因此属于哲学学科的研究范围。

最后，作者虽然明确了现代化是从传统农业社会向现代工业社会转变的过程，但并没有进一步明确这种转变的性质。近年来，社会形态理论的新的研究成果，可以为这种转变提供更为明晰和科学的认识。贾高建教授认为，区分社会形态的标准和尺度不是一维的，而是多维的，社会发展的基本类型，不仅可以从经济社会形态视角，而且可以从技术社会形态视角等多种不同的视角进行区分和把握。所谓技术社会形态，就是从生产力的层次入手，考察一定社会中生产力的发展状况及其对社会各领域的技术方面的影响，由此把握社会的技术特征。从这一视角着眼，我们也可以将人类社会区分为一系列基本形态，包括渔猎社会、农业社会、工业社会、信息社会，等等。③既然农业社会、工业社

---

① 陈嘉明：《"现代性"与"现代化"》，《厦门大学学报（哲学社会科学版）》2003年第5期。

② 罗荣渠：《现代化新论：世界与中国的现代化进程》，北京大学出版社2004年版，第15—16页。

③ 贾高建：《社会发展理论与社会发展战略——建构一种逻辑体系的研究纲要》，中共中央党校出版社2005年版，第77页。

会是技术社会形态意义上的社会的基本形态，那么传统农业社会向现代工业社会继而向信息社会的转变即现代化就属于社会形态的基本性质的改变。这个新的研究成果，不仅进一步明确了现代化的性质，切实把握了现代化的内涵，也使现代化研究真正被纳入了唯物史观视域。

（二）相关概念

1. 现代性

关于现代性概念的内涵，国内外学者争论很多，从不同的角度对现代性的概念做出了各种理解和界定。吉登斯认为，"现代性是指大约从 17 世纪的欧洲起源，之后或多或少地影响到全球的一种社会生活或组织的模式"[1]。大卫·里昂给现代性的定义是，"什么是现代性？这是一个用来指涉自启蒙运动之后而产生的那种社会秩序的概念"[2]。它在内容上包括结构分化、理性化、世俗化、城市化、纪律化、均质化或标准化等方面。中国台湾学者叶启政认为，"现代性这个基本概念基本上是'历史的'，也是'文化的'，其所呈现与反映的是欧洲人自某一特定历史阶段起的一种认知和期待心理、价值、信仰、态度与行动基调"[3]。中国大陆学者宋林飞指出，"现代性是一个历史断代的术语，是指接踵中世纪或封建制度而来的新纪元，涉及各种经济的、政治的、社会的以及文化的转型"[4]。张世英总结出了西方传统思想文化特别是近代哲学的三个特征，即主体性、理性至上主义及与理性至上主义相联系的对知识和科学的崇尚（包括对普遍性和同一性的崇尚），认为这三个特征内在地相互联结在一起，构成一种理性批判精神、自由创造精神，并认为这种精神是现代性的本质和核心，"笛卡尔、培根、洛克以及后来的德国古典唯心主义哲学家康德、黑格尔都强

---

① 〔英〕安东尼·吉登斯：《现代性的后果》，田禾译，译林出版社 2000 年版，第 1 页。

② DAVID LYON：《Postmodernity》，Open University Press，1994. p.19.

③ 叶启政：《再论传统和现代的斗争游戏》，《社会学研究》1996 年第 6 期。

④ 宋林飞：《西方社会学理论》，南京大学出版社 1997 年版，第 468 页。

调要发扬这种精神，它是'现代性'的核心"①。曹天予认为，"'现代性'这一术语有其历史的和社会经济的指称范围，它指的是西方历史的一个特定时期，这一时期不同于古代和中世纪。它也指不同于传统的社会秩序和社会组织形式（诸如奴隶制和封建制社会）的一种特定的社会秩序和社会组织形式。人们可以用不同的方式来表示现代社会的特性"。但同时他也强调，现代社会体制的特性的各种表述是相互补充，而不是相互矛盾的。②唐文明认为，现代性，第一，一种时代意识，通过这种时代意识，该时代将自身规定为一个根本不同于过去的时代；第二，现代性造就的是一种注重现在的精神气质，但由于对"现在"的不同理解使之呈现出差异；第三，人类历史是一个不断理性化、祛魅的过程，现代性在某种意义上就是理性化，理性作为现代性主流的意识形态之一，通过一系列的制度安排建构现代社会的政治、经济结构；第四，除了理性和个人主义，进步的观念也是现代性主流的意识形态。③罗荣渠先生指出，"现代性是现代社会的特征，它是社会在工业化推动下发生全面变革而形成的一种属性，这种属性是各发达国家在技术、政治、经济、社会发展等方面所具有的共同特征。这些特征是：① 民主化，② 法制化，③ 工业化，④ 都市化，⑤ 均富化，⑥ 福利化，⑦ 社会阶层流动化，⑧ 宗教世俗化，⑨ 教育普及化，⑩ 知识科学化，⑪ 信息传播化，⑫ 人口控制化，等等"④。

对现代性概念的种种界定从不同侧面和维度揭示了现代性的内涵，笔者大体上可以把上述学者所揭示的现代性内涵归结为两个层面，即现代性的精神层面和现代性的制度层面。精神层面的现代性即理性、科学、主体性、自我意识等；制度层面的现代性也就是通过科层化和公共权力的契约化、民主化对社会所进行的理性化的制度安排。应该说，学者们对现代性内涵特征的揭示在一定

---

① 张世英：《"后现代主义"对"现代性"的批判与超越》，《北京大学学报》（哲学社会科学版）2007 年第 1 期。

② 曹天予：《科学和哲学中的后现代性》，《哲学研究》2000 年第 2 期。

③ 唐文明：《何谓现代性?》，《哲学研究》2000 年第 8 期。

④ 罗荣渠：《现代化新论：世界与中国的现代化进程》，北京大学出版社 2004 年版，第 14—15 页。

程度上是符合现代社会及其形成过程的。但是这里有一个很大的缺陷，就是上述对现代性概念的种种界定并非均涉及了技术因素，更很少观照资本逻辑的影响。换言之，学者们并不是都认为现代技术因素是现代性形成的必要条件，而绝大多数学者更是忽视了资本因素对现代性形成的关键作用。这就使得学界对现代性内涵的揭示大多仅仅停留在理性和文化的层面，缺乏应有的深度，进而使得他们对现代性问题的揭示和批判也只局限在理性强制上，无法深入资本强制及资本与技术共谋的层面上。

那么，技术因素和资本因素在现代性形成和发展过程中究竟起什么作用呢？依据历史唯物主义原理，技术因素大体是属于生产力范畴的，而资本因素属于生产关系范畴，生产力和生产关系的矛盾运动是社会发展的根本动力。因此，现代技术和资本也就成了决定现代社会发展极为关键的两个因素，也就是说，现代生产是现代性形成和发展的决定性因素，没有生产方式的发展和变革也就没有现代性的产生和发展。而强调这一点，并未否认在现代性形成和发展过程中包括经济因素在内的诸多因素之间的相互影响与相互作用。

2. 后现代性

后现代性或后现代主义源自胡塞尔（Husserl）、韦伯（Max Weber）、霍克海默（M. Max Horkheimer）和阿多诺（Theodor Wiesengrund Adorno）、马尔库塞（Herbert Marcuse）、哈贝马斯（Jürgen Habermas）、利奥塔（Jean-Francois Lyotard）、福柯（Michel Foucault）等人对现代性的反思和批判。如果说现代性是标识一个特定的时期或特定社会类型的特征的话，后现代主义则只是一种文化现象，它孕育于现代性中，是现代性的自我批判和内在超越。

一方面，后现代性面对包括个人主义、科学主义、大众文化、工具理性化、消费主义等现代性后果，对现代性的"主体性"概念、理性至上主义、旧形而上学进行严厉的批判。其目的在于消除传统权威的合法性，拒斥宏大的历史叙事，强调多样性和差异性，摆脱理性的强制。另一方面，不管这种后现代主义对现代性的危机和后果批判得如何严厉，都没有深入对资本逻辑的批判中，也不重点关注对技术因素的批判，因此难免陷入泛文化主义窠臼。

　　这里必须明确两个问题，第一，西方现代社会是否还需要现代性内在逻辑和精神的支撑，是否如一些激进的后现代主义者所言现代性已经终结？第二，中国社会在现代性和后现代性中处于什么位置？毫无疑问，只需从经验的层面观察，我们即可发现理性、科学、契约、主体性、自由、自我意识、民主等现代性的内在精神和基本规定，仍然是西方现代社会乃至人类社会的重要支撑，其作用不可替代；同样，这些现代性的内在精神和基本规定，在中国仍未完全生成，我们还走在现代性生成的路上。

二、社会分化的含义

　　社会分化是本书研究的一个重要范畴和问题。由于学术立场和倾向的不同，学术界对社会分化的内涵存在不同的理解和界定。因此，我们必须对不同的研究倾向进行分析，并进一步明晰本书所指称的社会分化内涵。

（一）社会分化的概念之争

　　与社会整合相比，学术界对社会分化的研究依然较为薄弱。从绝大多数国内学者们所理解的社会分化概念来看，要么把它作为一个模糊和抽象的概念，直接加以使用，要么认为社会分化就是指阶层分化或阶层利益分化，并且大多数是为了研究社会整合而把阶层分化和利益分化作为前提来使用，缺乏对社会分化的研究的重视程度和深度。这种状况造成了无法全面揭示和把握社会分化的真正内涵，进而导致概念使用上的模糊和混乱。为了对社会分化的内涵做到精确把握，我们力图从思想史的源头上，对社会分化思想进行挖掘，并对目前学术界关于社会分化的定义作进一步梳理。也就是说，一定要弄清楚社会分化在思想家那里究竟是指什么，而目前学术界不同学者又是在何种意义上来定义和研究社会分化的。

要想透彻理解社会分化，了解这几位思想家的有关论述是必不可少的，即斯宾塞（Herbert Spencer）、迪尔凯姆、韦伯和帕森斯，而要理解他们社会分化思想的关键之点，则要弄清楚他们的社会学立场和方法论，辨析他们方法论上的异同，就能明白在他们那里社会分化究竟是指什么。

斯宾塞对社会分化的理解，突出地体现在他的社会有机体理论中，他利用生物学和进化论思想使社会学进一步生物学化。斯宾塞首先对结构和功能做了区分，结构是社会整体内部的构成、形式或形态；功能则是社会内部运作和转变模式。他把社会看成某种形式的有形客体，这种客体可以与其本身的运作区分开来。他认为，社会如同生物有机体，是一个不断增长、由简单到复杂的过程。在这个过程中，社会结构不断分化，社会各部分在功能上的分化，维持有机体整个系统结构的"生命"及其进化。在斯宾塞看来，社会有机体也像动物有机体一样包括营养、循环分配和调节三个系统。劳动阶级担负营养机能、商人阶级担负循环分配机能、政府及各种机构管理人员担负调节机能，这三个阶级各司其职，各自承担的机能不能由其他部分替代。斯宾塞指出，社会不是简单生物有机体，而是超有机体。在生物有机体中，各器官是为了整体的存在而存在，而在社会有机体中，情况则恰恰相反，社会整体是为了部分的存在而存在。"社会是为了其成员的利益而存在，而不是其成员为了社会的利益而存在"。社会越是进化，其分化的趋向就越明显，个人就变得越重要。此外，他还把生物学的适者生存原则用来解释社会进化，最终陷入了社会达尔文主义。

从这里我们可以看出斯宾塞和社会学之父孔德一样是实证主义社会学家，他也把社会看作一个有机整体，同样重视社会结构和秩序的作用，但其思想比孔德更为深入和全面。其中最重要的一点是，斯宾塞区分了结构和功能，他在把社会学生物学化的同时，描述了社会结构及其功能上的不断分化，划分了社会有机体三个系统即劳动阶级、商人阶级、政府管理人员及由其分别承担的营养、循环分配和调节功能。虽然他的这种社会学生物学化的倾向从根本上来讲是不科学的，但对西方社会学而言，斯宾塞的这种生物学化的分析开创了社会学结构功能主义的先河。

迪尔凯姆同样坚持实证主义的立场，但他在方法论上与孔德、斯宾塞迥然不同。他把超越个人的社会事实作为社会学的研究对象，非常强调社会环境对社会事实的决定性作用。这种社会环境包括笔者在绪论里所谈的"物质密度"和"动力密度"等。在此基础上，迪尔凯姆非常重视对社会结构的分析与对社会秩序的关注，他的社会分工理论也是基于这种研究方法和取向展开的。迪尔凯姆的这种方法和理论对后来的结构功能主义理论影响深远。但这里有两点需要说明，其一，他对社会事实的客观性和强制性的重视使他在一定程度上忽略了社会个体的作用；其二，他并没有给予社会的各种子系统、子结构以足够的重视。

总之，斯宾塞和迪尔凯姆的实证主义社会学立场，以及他们对社会结构和秩序的重视，特别是迪尔凯姆对社会事实的关注，导致他们研究社会结构的共同倾向是更加强调对社会客体的研究，因此社会分化在他们那里大多是指向社会客体的。

与斯宾塞和迪尔凯姆不同，韦伯把社会学的研究对象确立为社会行动，并把对社会行动的解释性理解和因果性说明作为社会学的两大任务。韦伯认为，社会行动的本质是蕴含其中的精神内涵和文化意义。这种内涵和意义是可以理解的，因此只能用理解和说明的方法来研究社会学，自然科学的实证方法之于社会学是很难奏效的。韦伯不仅重视研究对象的独特性和主观意向性，而且认为社会学要想成为真正的科学，对社会学的研究也应像自然科学那样建构精确而严谨的概念体系，即"理想类型"。从韦伯的这种理解社会学方法论中，我们可以明显地体会到他对研究对象和研究者主观性因素的重视，他对社会学研究对象即社会行动的确立，明显不同于迪尔凯姆的社会事实，他虽然没有完全忽视对社会客体领域的研究，但他更加重视对社会主体的关注，并提出了以财富、声望和权力等为标准的多元社会分层理论。当然，对主体分层的研究还包括帕累托，他的精英分层理论也是很有特点的。

帕森斯之所以能建立他庞大的社会学理论体系，就是在综合斯宾塞、迪尔凯姆社会客体倾向研究和韦伯、帕累托主体倾向研究的基础上，构建其社会学理论大厦的。因此，帕森斯结构功能主义所指涉的社会分化也就明显包括社会主体和社会客体的分化，他的六个模式变项指向的正是主体的分化和演进，而他的 AGIL 模式（Adaptation：对环境的适应；Goal attainment：对目标的实现；Integration：将社会整合为一个整体；Latent pattern maintenance：对功能模式的维持）最终指向的则主要是社会客体的分化与整合。帕森斯之后西方的社会学研究的综合程度至今没能超越其结构功能主义理论。在此之后，卢曼所区分的阶层分化和功能分化、洛克伍德所区分的社会分化和系统分化、艾森斯塔德所区分的利益性分化和功能性分化等都是从社会主体和社会客体的角度区分的；而此前齐美尔所指的社会分化则主要是指社会主体向度的群体分化，卢曼区分出来的区隔分化实际上只是自然形成的分工的一种表现。

总之，基于不同的社会学研究立场和方法，西方社会学理论所涉及的社会分化内涵主要存在两种向度，即社会主体向度和社会客体向度，其思想具有一定的合理性。但是，由于西方社会学理论没有对历史采取唯物主义态度，无法真正揭示社会发展的动力，无法认识和把握社会发展的客观规律及其演替进程，人们对社会分化的认识和把握在总体上是缺乏科学性的。

（二）本书所指涉的社会分化

本书所指涉的社会分化是指社会结构体系的分化，社会结构体系是包括生产力、生产关系（经济基础）和上层建筑等基本层次（领域）以及其他各方面社会要素和社会关系（如家庭关系）的完整体系。社会结构体系的分化是指社会结构（领域）及其要素不断分离的过程。社会结构体系的各个层次、领域、要素依据自身的逻辑规定相互作用，社会结构体系的分化和演进有不以人的意志为转移的客观规律。

正如马克思所指出的，在考察社会有机体时，决不能"把社会体系的各个环节割裂开来"，不能把社会看作各个不同领域（其中每一个领域又都按其自身独立的规律发挥作用）的机械组合或简单相加，更不能把社会的各个领域看作孤立的、分散的存在，而是必须把社会作为一个统一的有机体加以把握，否则就不能正确认识"一切关系在其中同时存在而又互相依存的社会机体"①。马克思还认为"现在的社会不是坚实的结晶体，而是一个能够变化并且经常处于变化过程中的机体"②。社会有机体不是自然的和永恒不变的，而是经由人的实践活动并矛盾发展的历史过程。社会作为一个总的有机体的关联性是如此，其他次级结构和领域的状况也是如此。马克思在谈到经济领域各环节的关系时认为，生产、分配、交换、消费各个环节不是同一的东西，而是一个统一体内部的差别，它们只是分别构成一个总体的各个相关联的环节。"因此，一定的生产决定一定的消费、分配、交换和这些不同要素相互间的一定关系。……不同要素之间存在着相互作用。每一个有机整体都是这样。"③

有学者认为，马克思的社会有机体理论是以人的发展为主线、以人类的自主活动为内容的更为宏大的社会发展理论，可以把马克思关于社会发展的不同图式归结为四种：① 社会形态更替的社会发展图式；② 以人的发展和人类解放为主线的社会发展图式；③ 作为社会活动的社会发展图式；④ "社会再生产"的社会发展图式。学者还认为，马克思关于社会发展的四种图式是统一的，可以看作马克思社会有机体理论的四个方面。④ 把马克思的社会有机体理论归纳为这四种图式，应该说是比较全面的。但笔者认为马克思的社会有机体理论是"以人的发展为主线、以人类的自主活动为内容"，是"以人的发展和人类解放为主线的社会发展图式"，似乎并不十分妥帖。马克思的理论毫无疑问是以人的发展和人类解放为目的的，但就马克思对其理论本身的重视程度而言，对第一种图式即社会形态更替的社会发展图式的重视程度与其他图式相比应该毫不逊色，毕竟它是社会有机体理论的唯物主义基础。同时，马克思也丝毫没有降低对社会有机体"有机性和关联性"的重视程度。实际上，

---

① 《马克思恩格斯选集》第 1 卷，人民出版社 1995 年版，第 143 页。

② 《马克思恩格斯全集》第 23 卷，人民出版社 1972 年版，第 12 页。

③ 《马克思恩格斯选集》第 2 卷，人民出版社 1995 年版，第 17 页。

④ 陈志良、杨耕：《论马克思的社会有机体理论》，《哲学研究》1990 年第 1 期。

上述这四种图式，第一种图式所指涉的正是社会客体即社会结构体系的发展，而后三种图式总体来讲更为强调社会主体即人的发展。社会结构体系是人赖以生存的社会客体，人是生存于社会结构体系中的人，二者是相互联结而存在的。从社会发展的最终目的以及理论研究的最终目的来看，当然是为了人的发展，但就理论及理论研究本身而言，我们完全可以暂时撇开一个方面而研究另一个方面，不同学者对于社会现代化和人的现代化分别进行研究也证明了这一点。二者本来就是联结在一起的，只是理论研究上的侧重不同而已。确切地说，这两个方面实际上是研究社会形态的两种视角，即主体视角和客体视角，两种视角不仅可以单独研究，而且更能相得益彰，而本书所研究的社会分化正是建立社会形态演进基础上的社会结构体系的分化。

三、社会整合的概念辨析

对于社会整合的内涵，学术界也有不同的理解，同时，对于社会整合、社会控制、政治整合等的理解，也存在一定程度的混淆。研究社会整合，我们首先探讨这些观点，界定本书所指称的社会整合概念并对相关混淆做出澄清。

（一）社会整合的含义

"整合"（Integration）概念的最早使用者是 19 世纪英国著名社会学家斯宾塞。他认为，"整合"至少包含两层含义：一是社会结构的各个部分之间的相互依赖性；二是对这些社会结构各个部分的协调和控制。①

社会整合在迪尔凯姆那里被称为社会团结。他认为，社会团结是"指人与人、人与群体以及群体与群体之间的联结关系，这种联结关系既可以建立在共

---

① 张翼：《社会整合与文化整合》，《兰州商学院学报》1994 年第 1 期。

有的情感体验、共有道德情操和共同理想信念之上，也可以建立在因为生活需求、功能依赖而形成的相互依存关系之上"①。

帕森斯在《社会体系和行动理论的演进》一书中，对社会整合概念做了如下规定："① 指体系内各部门的和谐关系，使体系达到均衡状态，避免变迁。② 指体系内成分的维持以对抗外来的压力。"他认为，一个社会要达到整合的目的，必须具备这样两个不可或缺的条件：第一，有足够的社会成员作为社会行动者受到适当的鼓励并按其角色体系而行动；第二，使社会行动控制在基本秩序的维持之内，避免对社会成员作过分的要求，以免形成离异或冲突的文化模式。美国社会学家吉尔伯特·罗兹曼在《中国的现代化》一书中，把现代社会整合看作"一个社会内部各单位的相互依存"②。

从西方学者对社会整合概念的理解来看，我们可以从中发现两个突出点。其一，社会整合在他们看来不仅是指一个过程，还指一种结果，就是社会一体化。这一点，在迪尔凯姆所论述的"社会团结"和帕森斯所强调的"均衡状态"中体现得特别明显。其二，社会整合的客体要么是指向人及人的行动即社会主体方面，要么是指向结构和功能即社会客体方面，这一点与他们关于社会分化的理解是相呼应的。但总体来讲，社会学家更侧重于讨论社会主体即人的整合。这两个突出之点深深地影响了中国学术界。

《中国大百科辞典》中把社会整合定义为："社会不同的因素、部分结合为一个统一、协调整体的过程及结果。亦称社会一体化。"③ 社会整合是"调整或协调社会中不同因素的矛盾、冲突和纠葛，使之成为统一的体系的过程或结果"④。孔令友认为，社会整合"目的是使社会中各有区别又有联系的不同群体，通过相互顺应，遵守相同的行为规范而达到团结一致，形成一个均衡的体

---

① 刘少杰：《国外社会学理论》，高等教育出版社 2006 年版，第 8 页。

② ［美］吉尔伯特·罗兹曼：《中国的现代化》，国家社会科学基金《比较现代化》课题组译，江苏人民出版社 2003 年版，第 126 页。

③ 中国大百科全书编委会：《中国大百科全书（社会学卷）》，中国大百科全书出版社 2004 年版，第 351 页。

④ 李健华、范定九：《社会学简明辞典》，甘肃人民出版社 1984 年版，第 257 页。

系"①。宁德安认为，社会整合是在足够的人员参与下，管理主体采取机械或有机的团结方式对各领域、要素或子系统进行规约、协调和引导，从而使人们的活动保持平衡、稳定及一体化状态的过程和结果。② 学者们在这里所强调的社会整合的"结果"，实质上就是指社会整合的目标或目的。学术界目前对社会整合目标的认识是比较一致的，即认为社会整合的目标就是为了使社会形成一个均衡体系，实现社会一体化。但确切地说，这只是社会整合的最直接目标。社会整合所实现社会的稳定、协调、均衡、一体化是为了社会整体发展，而社会发展最终是为了人的自由全面发展。

另外，对社会整合的客体，中国学术界也有不同的认识，概括起来，主要有以下几种观点。第一种观点认为社会整合的客体是社会结构的因素、部分，或者直接把客体界定为社会的各种要素。例如，赵光侠认为，社会整合"是指围绕着利益关系这一核心内容，经济、政治、文化等方式将社会结构的不同因素、部分结合成一个有机整体，从而提高社会一体化程度的过程"③。王康认为，"社会整合指将社会存在和社会发展的各要素联系到一起，使它们一体化"④。孙增武等认为，"社会整合是指对社会上各自独立又有一定内在联系的要素按照某种规则进行调整或整理，使之成为统一体的过程或结果"⑤。第二种观点则认为社会整合主要是对社会主体关系的协调和调整。例如，郑杭生认为，"社会整合是指社会利益的协调与调整，促使社会个体或社会群体结合成为人类社会生活共同体的过程，简言之，就是人类社会一体化过程"⑥。朱力认为，社会整合从本质上是意识方面的认识的趋同性或统一性。意识的同一性是

---

① 孔令友：《构建社会主义和谐社会关键在不断强化党的社会整合功能》，《南京社会科学》2005 年第 3 期。
② 宁德安：《社会整合初论》，博士学位论文，中共中央党校，2013 年，第 22 页。
③ 赵光侠：《阶层分化过程中执政党社会整合的科学定位》，《求实》2006 年第 9 期。
④ 王康：《社会学词典》，山东人民出版社 1988 年版，第 263 页。
⑤ 孙增武等：《构建和谐社会：政府应从哪些方面主导社会整合》，《中国行政管理》2006 年第 5 期。
⑥ 郑杭生：《社会学概论新修论》，中国人民大学出版社 2003 年版，第 42 页。

维系、整合一个社会的精神纽带。只要有一种能够统摄社会成员的信念、信仰的"社会共同意识"，在人们的行动中就能够产生共同的方向，一个社会就会保持相对稳定的基本活动方式和社会秩序。邵志择认为，社会整合就是一个特定社会的成员通过某种方式而凝聚在作为社会核心的价值观、信念周围，彼此结成紧密关系，并在行为方式上基本保持一致。第三种观点认为社会整合的客体是社会系统、社会行动主体和社会要素等的综合。例如，杨信礼认为，"社会整合就是对社会系统内各子系统或要素以及所有行动者的关系加以排列、调整和规范化，使社会系统中各个子系统、部分、要素与整个系统保持协调一致，以便使社会系统与系统内的子系统或要素有效地发挥作用，尤其是要保证社会整体的统一性、稳定性、一体化和良性运行"。宁德安认为，"社会整合的客体、对象有层次之分。微观层次上社会整合的客体是社会成员的思想和行为，中观层次上社会整合的客体是社会各利益群体之间的关系，宏观层次上社会整合的客体是社会各子系统之间的关系"①。周怡认为，社会整合是"某一整体或社会中，各行动主体之间的一种均衡、协调、合作和有序的关系状态。其中，系统整合也叫功能整合，着重在实现和维持系统各单元（各部门或子系统）之间有序和谐的交换关系；而社会整合又常对应于规范整合，强调实现和维护行动者之间的规范有序的团结"。杨超认为，"一般而言，通过制度、组织、价值理念等正式的或非正式的制度体系把社会结构不同的构成要素、互动关系及其功能结合为一个有机整体，从而达到既使社会维持其作为系统的完整性，又使社会具备更高的适应能力的效应，这样的一种效应持续过程就是社会整合"②。刘鹏认为，社会整合是指社会通过各种方式将社会结构不同的构成要素、互动关系及其功能结合成一个有机整体，从而提高社会一体化程度的过程。③ 以上三种观点有一个共同之点，就是都涉及了对社会主体的整合，不同

---

① 宁德安：《社会整合初论》，博士学位论文，中共中央党校，2013 年，第 81 页。

② 杨超：《社会转型与中国共产党社会整合功能的优化》，《中共杭州市委党校学报》2004 年第 1 期。

③ 刘鹏：《改革开放与强化党的社会整合功能》《理论与改革》2005 年第 1 期。

之处在于第一种观点更强调社会客体因素，第二种观点更强调社会主体因素，而第三种观点则强调综合因素，即包括主体因素和客体因素。由于学者们所处的学科领域和研究视角的不同，对社会整合定义上有这种差异完全是正常的。与这三种观点不同，本书所谈的社会整合客体与我们前面所谈的社会分化是相呼应的，是指建基于社会形态之上的社会结构体系、要素及其功能。同时，还需要指出的是，在以上所有这些定义中有一个共同的逻辑缺陷，这些定义几乎都出现了主体缺失问题，即并没有明确由谁来实施整合。

基于以上所有分析并借鉴学术界目前研究成果，本书对社会整合定义如下：社会整合是特定社会主体（政党、政府等）综合利用经济、政治、文化等各种手段，对社会结构体系及其各子系统、要素之间的关系进行调整、规范、协调，从而使整个社会结构体系统一、稳定、健康运行，促进人的自由全面发展的过程。

（二）相关概念

为了对社会整合概念有更深入的了解，也为了澄清人们认识上的误区，这里有必要对两个相关概念即社会控制和政治整合加以分析。我们之所以仅仅对这两个概念加以分析，是因为很多研究混淆了社会控制与社会整合、政治整合与社会整合之间的关系。

1. 社会控制

社会控制是指社会或社会中的群体、组织通过各种社会力量和社会手段使其成员遵从社会规范，维持社会秩序的过程。社会控制有广义和狭义之分。广义的社会控制，泛指对一切社会行为的控制；狭义的社会控制，特指对偏离行为或越轨行为的控制。[①]

---

① 《中国大百科全书》总编委会：《中国大百科全书（第19卷）》，中国大百科全书出版社2009年版，第97页。

"自人类社会产生以来，人们一直在这样那样地寻求对自己社会的控制。特别是自1901年美国社会学家E.罗斯的《社会控制（Social Control）》一书发表之后，对于社会控制问题的研究更是日益为人们所关注。"[①]但是，社会学家们继承罗斯传统所关注的社会控制与我们这里所谈的社会整合是有区别的。首先，社会控制的客体在社会学家那里主要是指社会成员的行为，尤其是越轨行为。而我们这里所谈的社会整合的客体则是社会结构体系、子系统及其要素之间的关系，概言之，就是社会结构体系。其次，罗斯所讲的社会控制并不仅仅是指对社会整体的控制即"深藏于整个社会力量背后"的社会控制，还包括诸如社区、组织、团体等小社会的各种各样的社会控制。他认为，表面看来是一个社会，实际上总是存在两个以上的社会，这些社会里有不同的社会控制，阶级控制则是寄生阶级为其自身的利益而产生的力量。而我们所讨论的社会整合指向的则是整个社会结构体系。最后，罗斯所讲的社会控制更加注重维持社会秩序。社会控制与自然秩序相比具有优先性，如果没有社会控制，社会会因人的动物本性遭致普遍的惨重灾难，因此社会控制具有浓重的强制色彩。而我们所谈的社会整合虽然不仅包括思想道德、舆论宣传和政策导向等非强制手段，也包括法律、纪律和行政命令等强制性手段[②]，但是并没有浓重的强制色彩。同时，社会整合的目标也不是仅仅停留在维持社会秩序上。

2.政治整合

关于政治整合与社会整合的关系，吴晓林在《现代化进程中的阶层分化与政治整合》一书中把社会整合定义为在"依靠社会或个体自身，实现社会系统均衡或完成个体对社会的适应，达致身心和谐的过程"[③]的基础上，对政治整合与社会整合的内涵做了比较分析，并由此把政治整合定义为"占优势地位的政治主体，将不同的社会和政治力量，有机纳入一个统一的中心框架中，实现

---

① 贾高建：《社会发展理论与社会发展战略》，中共中央党校出版社2005年版，第48页。

② 贾高建：《社会发展理论与社会发展战略》，中共中央党校出版社2005年版，第48页。

③ 吴晓林：《现代化进程中的阶层分化与政治整合》，天津人民出版社2012年版，第32页。

政治社会一体化，维持社会稳定和国际认同的过程"①。这种定义和比较分析固然有一定的道理，但其中论及的社会整合内涵与本书所谈的毕竟是不同的。我们讨论的社会整合是对社会结构体系的整合，是包括经济领域、政治领域和文化领域的社会整体领域和要素的整合。因此，笔者有必要把本书所指涉的社会整合与政治整合的关系再做一下区分。笔者认为，社会整合与政治整合的不同并非必然区分在整合主体的不同上。社会整合与政治整合是同一主体，即政党、政府等有整合能力的整合主体；而社会整合与政治整合的不同主要体现在两个方面：其一，整合的客体不同；其二，整合的直接目的不同。社会整合的客体是整个社会结构体系，而政治整合的客体则主要是政治领域。如果说社会整合与政治整合的最终目的都是实现人的自由全面发展，但二者的直接目的却是不同的。社会整合的直接目的是实现社会整体的稳定和协调发展，而政治整合的直接目的则是变革和调整政治关系、实现政治发展。

---

① 吴晓林：《现代化进程中的阶层分化与政治整合》，天津人民出版社 2012 年版，第 33 页。

第二章　现代化进程中的社会分化

本章旨在探讨现代化进程中的社会分化，着重阐释是什么因素促进及如何促进了社会分化？社会分化的机制是什么？社会分化会导致什么样的后果？对于现代化进程中社会分化的探讨，必须基于社会结构体系演化的多维视角，从传统社会结构体系的基本特征谈起。

一、传统社会结构体系的基本特征

考察传统社会结构体系的基本特征，必须坚持社会形态考察的多维视角理论，只有在此基础上，才能科学把握传统社会结构体系的基本特征。

（一）社会结构体系演化的多维视角考察

对社会结构体系演化的考察是立足于社会形态考察的基础之上，只有对社会形态做到科学把握，才有可能更准确地把握社会结构体系演化的规律和进程。以往我们在考察社会形态时所采取的方式多是一维的，要么从经济社会形态角度去考察，要么从技术社会形态的角度去考察，这就不可避免地造成了片面性，使得我们对社会形态无法形成更为全面深刻的认识。因此，要想对社会形态有更精细和科学的把握，在对社会形态进行考察时，就必须坚持从一维视角到多维视角，即从单一的经济社会形态或者技术社会形态等视角，转向技术社会形态、经济社会形态、政治社会形态、文化社会形态等多维视角的综合。

所谓社会形态，是指处于一定发展阶段的社会。社会形态结构就是处于一定历史发展阶段的具体社会的具体结构。社会（一般）结构是以社会形态结构为基础，是对各种社会形态结构的抽象，是各种社会形态结构的一般。因此，总体来讲，社会形态结构与社会一般结构应该是一致的。人们一般认为社会结构是由生产力、生产关系（经济基础）、上层建筑等基本层次或结构以及其他各个方面的社会要素和关系（如家庭）构成。那么，社会形态结构就相应地也是由上述层次和要素构成，只不过与前者不同的是，这些层次和要素是特定的、具体的。因此，社会形态应是一个由特定的生产力、生产关系（经济基础）、上层建筑等基本层次或结构以及其他各种社会要素和社会关系的总和所构成的完整社会体系。既然社会形态是一个包括生产力、生产关系（经济基础）、上层建筑等基本层次或领域的完整社会体系，那么要想全面认识和把握社会形态的基本特征，就必须系统把握生产力、生产关系（经济基础）、上层建筑等各个基本层次的特征，缺少任何一个层次都会影响对社会形态的科学认知。

过去，我们对社会形态的认识存在一定程度的片面性和局限性。主要表现在：一是只注重从经济社会形态视角来认识和把握社会形态；二是对国外社会学研究可资借鉴的成果采取完全拒斥的态度。可喜的是，有学者已经注意到了从生产力的层次考察社会形态的重要性，并提出了技术社会形态概念。还有学者认为社会形态划分的标准和尺度不是一维的而是多维的，社会形态不仅可以从生产关系角度去把握，也可以从生产力和上层建筑等其他角度来把握。这种观点本身有很大的合理性，因为辩证法早就告诉我们事物不是只有单一的质，而是"具有质并且具有无限多的质的物"①。人类社会作为一个复杂的体系，同

---

①　恩格斯：《自然辩证法》，人民出版社 1984 年版，第 104 页。

其他事物一样具有多方面的、多种多样的质。社会形态考察与划分的标准和尺度当然不会只有一种，应该是有多种的。因此，确定社会形态考察的多维标准和尺度无疑是重要的一步，但问题却在于不能仅仅局限于这一步。无论从生产力、生产关系（经济基础）和上层建筑哪个层次切入考察社会形态都是可行的。但如果切入之后仍然仅仅考察切入点本身就很片面了。

贾高建教授认为，在对作为切入点的不同层次本身进行研究和分析后，还应继续更为重要的一步，即："应以此为基础进一步考察这一层次的状况对整个社会结构体系的影响，即它所造成的社会形态的相应的整体特征"[1]。"这种分析不是简单的层次分析，而是不同视角分析。"[2] 比如，技术社会形态视角的考察，就应以生产力层次为切入点，在分析这一阶段的生产力状况的基础上，全面考察这种生产力对整个社会结构体系的影响，便可由此区分出渔猎社会、农业社会、工业社会、信息社会等基本形态。经济社会形态视角的考察则应以生产关系这一层次为切入点，以分析生产关系性质和状况为基础，进而考察这种生产关系对整个社会结构体系的影响，即可由此区分出原始共产主义、奴隶社会、封建社会、资本主义社会、社会主义和共产主义社会等基本形态。与此相同，政治社会形态和文化社会形态视角的考察也应分别以政治上层建筑和文化上层建筑层次为切入点，进而考察二者对整个社会结构体系的影响，分别加以区分和把握。唯有如此，才能使对社会形态的不同方面的认识达到整体性高度，从而真正把握社会形态的多方面的质，也能更为科学地把握社会形态的划分及其演替进程。

对于社会结构体系演化而言，当我们着眼于考察人类社会发展的总体进程时，我们对于社会结构体系演化的考察，着重考察的是不同社会形态如何依次演替；当我们考察某一种社会形态如何转变时，我们对于社会结构体系演化的考察，就是在考察这一社会形态结构体系的演化。无论哪一种考察，都必须坚

---

[1]　贾高建：《社会发展理论与社会发展战略》，中共中央党校出版社 2005 年版，第 32 页。

[2]　贾高建：《社会发展理论与社会发展战略》，中共中央党校出版社 2005 年版，第 32 页。

持社会形态考察的"多维视角",从而做到对社会结构体系演化的全面科学把握。本书对社会结构体系的分析和研究,着眼于现代化进程,在坚持社会形态考察的"多维视角"的基础上,主要从技术社会形态视角,来考察传统社会结构体系是如何演变的。

(二) 传统社会结构体系的特征分析

社会结构体系是包括生产力、生产关系(经济基础)、上层建筑等基本层次以及其他各方面的社会要素、社会关系(如家庭关系)等的完整体系,任何社会形态的结构体系莫不如此,社会整体领域因而可以大致划分为经济领域、政治领域、文化领域等基本领域。不同社会形态的结构体系具有不同的特征,社会形态由此相互区分开来。

传统社会,即农业社会是渔猎社会生产力发展的必然结果。在渔猎社会,渔猎采集几乎是社会生产的全部内容,"也可以说是社会的主要'产业'"[1]。"当然,这时真正的产业分工还没有开始,还谈不上严格意义上的产业结构。"[2]无论是劳动者、劳动资料和劳动对象都具有突出的自然性质。劳动者刚刚脱离动物界,劳动资料是取自自然的石器,劳动对象是诸如鱼类、兽类和植物果实等纯粹的自然物。人们仅仅在制造简单工具的意义上脱离了纯粹动物式的适应自然的方式,面对强大的自然界人们仍然无能为力,不得不采取集体生活的方式,从而形成以血缘关系为纽带的氏族和部落共同体。经济、政治、文化等各种社会关系也被包括在这种共同体中并必然体现为原始公有和民主的性质。农业社会始于农业技术革命。由于人口自然增长的压力、渔猎采集生产方式本身的落后性以及人们的经济和知识积累,种植栽培技术和驯养动物技术逐渐被发明出来。新的生产工具也因生产需要而被逐渐制造出来,农业生产和农业技术

---

① 贾高建:《当代社会形态问题导论》,中共中央党校出版社 1994 年版,第 45 页。
② 贾高建:《当代社会形态问题导论》,中共中央党校出版社 1994 年版,第 45 页。

作为一种新的物质生产方式诞生，人类由此进入农业社会，即传统社会。

从经济领域来看，传统社会是一种以小农经济为主导的自然经济模式。传统社会的产业结构特征是农业占绝对主导地位。种植栽培技术的发明使得农业兴起并占据主导地位，草原地区驯养动物技术的发明使得畜牧业产生，农业和畜牧业的出现又催生了劳动工具的发明，进而出现了专门生产劳动工具的手工业，剩余产品的出现则使得商业产生。"这样便形成了以农业、畜牧业、手工业和商业等的分工为基础，以农业为主导的新的产业结构。"① 传统社会产业结构之所以以农业为主导，主要取决于两个方面的因素。其一，在传统社会，畜牧业的先天缺陷和商业不发达，决定了畜牧业和商业不可能成为主导产业。耕作土地可以生产各种食用植物，满足人体全部需要。放牧牲畜只可以生产牲畜本身，无法满足人的全部身体需要。加之商业不发达造成的农产品和畜牧业之间交换的不充分，人们必然主要依靠农业。其二，以小农经济（个体家庭）为主导的自给自足的自然经济形式限制了手工业和商业的发展。这种经济形式下，社会生产局限在庄园、家族、家庭范围内，无法形成大范围协作生产的模式。这就限制了手工业大力发展的可能性，从而把手工业局限在满足农业生产的需要上，仅仅依附于农业。土地的分散性、地理环境阻隔及交通技术的不发达，本来就阻碍了商业的发展，而以小农经济为主导的自给自足的自然经济形式则更进一步构成了对商业的限制。除自己无法生产的盐铁交易之外，个体家庭完全可以自给自足。即使在有些区域商业非常发达，比如在丝绸之路上，但从整个社会范围来看仍是很有限的。即便如此，这种商业仍然是以农业为基础的。生产力的这种状况决定了生产、分配、交换、消费关系都被局限在很小的领域内，大多无法越出家庭的范围。除大型建筑和兴修水利等需要国家指令外，经济运作多是在狭小的范围内相对分散、孤立地进行的。

从政治领域来看，总体来讲，传统社会是一种专制和等级社会。同时，家族和家庭作为血缘共同体在政治方面发挥重要作用，即使这种作用相对国家这

---

① 贾高建：《当代社会形态问题导论》，中共中央党校出版社 1994 年版，第 46 页。

个政治共同体作用而言是逐渐递减的。生产力的发展使剩余产品出现，剩余产品的出现导致阶级对立和国家的产生。在剩余产品不多时，人们需要采取最野蛮的暴力强制手段才能据为己有，于是便有了奴隶制。之后，随着生产力发展和剩余产品的增加，较为温和的封建制取代了奴隶制。[①] 奴隶制国家和封建制国家成为传统社会的两大政治共同体。这种传统政治共同体除为维护奴隶主阶级和地主阶级自身阶级利益而实施统治外，还发挥着生产和维护社会秩序的功能。除国家这个政治共同体外，还有家族和家庭共同体。奴隶制时期，家族作为血缘共同体仍然在经济和政治领域发挥重要作用，靠血缘亲情关系及相应的组织原则维持着传统社会人的依赖关系，个人对家族是必须依附和顺从的。家族在生产和维持社会秩序方面的功能非常强大，以至于在奴隶制时期出现了家国同构的局面。国家政治功能的发挥也不得不依靠家族的力量，甚至可以说国家借以维持其统治的原则和办法是直接源自家族共同体。各级统治者既是政治共同体的各级首长，又是其对应家族的家长。这种家国同构的宗法秩序借助血缘、财产、权力、世袭等关系和制度，建立了森严的等级秩序。随着生产力的发展，个体家庭逐渐取代家族的主导地位，宗法关系在一定程度上被消弱。手工业和商业也有了一定程度的发展，这似乎对传统的专制和等级秩序形成了真正的挑战。但实际上，手工业和商业的发展，并没有使社会形成迪尔凯姆所言的"有机团结"，国家仍然是克服社会分散化和个体化的绝对主导力量。

从文化领域来看，传统社会最显著的特征是单一的具有强烈"宗教和伦理色彩"[②] 的正统学说的控制。传统社会虽然脑力劳动和体力劳动开始分工，精神生产开始发展，比如出现了哲学、政治法律思想、文学、宗教、艺术等，但狭隘的自然经济形式仍然限制人们的精神交往。思想文化领域整体上无法摆脱浓重的宗教和伦理色彩，只能在宗教和伦理的统摄下形成各种强烈的具有同质性的整体性意识，以维护人的依赖关系。自然经济的分散性与分工的不发达，

---

① 贾高建：《当代社会形态问题导论》，中共中央党校出版社 1994 年版，第 47 页。

② 贾高建：《当代社会形态问题导论》，中共中央党校出版社 1994 年版，第 57 页。

不会使社会靠物的依赖关系联结起来，专制国家为了实现政治统治和管理，除依靠暴力强制手段外，意识形态方面的强制也是必然选择。单一的正统学说一方面论证政治统治的合法性，另一方面把人们的思想牢牢禁锢其中。这种单一的正统学说，在政治社会化过程中，碰撞、融合各种具有强烈宗教和伦理色彩的同质性的整体性意识，最终在全社会范围内形成单一的具有强烈宗教和伦理色彩的正统学说。甚至多数情况下，这种正统学说本身就是构筑在宗教和伦理之上的，比如西方的基督教和古代中国的儒家学说。而任何违反正统学说的人，都将被视为大逆不道，并受到专制机器的惩罚，西欧中世纪的宗教裁判所就是明显例证。

就传统社会总体特征而言，传统社会政治领域的地位和功能相对于其他领域更加突出，以致传统社会整体呈现"以政治为中心的诸领域合一状态"①。农业的出现和发展产生了两个后果，其一是剩余产品的出现，其二是人口数量的增大。剩余产品的出现导致阶级的出现和社会的不平等，人口密度的增大则造成了人们交往范围的扩大。交往范围的扩大一旦超出血缘共同体范围，亲情和道德对社会同一性的创造及对社会秩序的维持作用便大大减弱。同时由于物的依赖关系还远未形成和发展，在这种情况下，采取人为手段在不具有同一性的人们之间创造同一性就成为一种必然选择。要么采取强制手段把人们约束在一定的秩序中，要么采取灌输特定意识形态的非强制手段来创造同一性，进而实现政治统治，维持社会秩序。这种状况就决定了经济活动和文化活动必须以不妨碍政治活动为限度。一旦商品经济的发展和思想文化的发展对政治领域形成了挑战，政治国家便必然严加干预。政治活动成为全部社会生活的基准，其他各个领域都必须以政治领域为中心，顺应、满足政治需求。精神文化活动的意识形态化虽是不同社会形态中的普遍现象，但在传统社会，精神文化活动意识形态化的程度是任何社会都无法企及的，换句话说，传统社会的精神文化活动总是始终不懈地论证现实政治的神圣性与合法性。

---

① 王南湜：《从领域合一到领域分离》，山西教育出版社 1998 年版，第 102 页。

二、现代化进程中影响社会分化的重要因素

对现代化进程中社会分化起作用的因素很多。但是在诸多影响因素中，最为重要的影响因素是现代技术、社会分工、资本、政治民主化、主体性意识的觉醒。因此，相对独立地探讨这五种因素如何促进现代化进程中的社会分化是社会分化研究的关键所在。

（一）现代技术与社会分化

人类社会的发展离开技术是不可想象的，没有技术就没有人类社会，更谈不上人类社会的发展。技术之于人类社会发展的意义似乎是不言自明的，技术如何促进人类社会发展，从日常经验的层面，很容易被证明。但与此同时，技术对于人类社会发展的负面影响，也引起了人们的关注，特别是随着现代技术所造成的负面影响日益加剧，人们开始从哲学层面来思考和研究技术，技术成了当代哲学研究的重要主题。对此，有学者指出，哲学正在发生一场可称为"技术转向"的变革，并认为"'技术转向'在哲学发展中的意义将绝不亚于'认识论转向'与'语言转向'"[1]，因为今天"技术尽管不能被断定是问题之源，但却折射着所有的问题"[2]。也有学者认为"技术正在或即将成为哲学反思的中心话题。这种中心地位表现在，技术不是诸多问题之中的一个，而是使所有问题成为问题的那种问题"[3]。技术与对技术的哲学反思之于人类前途和命运的重要性可见一斑。

现代技术包括工业技术和信息技术，在传统社会向现代社会演进的初始阶段，工业技术扮演最为重要的角色。就工业技术本身的结构要素而言，主要包

---

[1] 高亮华：《"技术转向"与技术哲学》，《哲学研究》2001年第1期。

[2] 高亮华：《"技术转向"与技术哲学》，《哲学研究》2001年第1期。

[3] 吴国盛：《哲学中的"技术转向"》，《哲学研究》2001年第1期。

括机器、相应的知识技能和现代管理技术等，其中机器占有最基本和最重要的地位，因为现代知识、技能和现代管理技术是伴随机器的出现才发展起来的。那么，机器是如何使社会结构体系发生分化的呢？

首先，机器取代手工工具，使产业结构发生分化，工业从传统产业结构中脱颖而出，逐渐成为社会主导产业。传统社会的产业结构以农业为主导，畜牧业、手工业和商业并存。在传统社会末期，虽然某些地区由于商业发展的促进作用，手工业变得十分兴盛，有些地区进入工场手工业时代。但是，无论是手工业还是工场手工业，都无法使人们突破人体自然力的局限。再加上商业的目的主要是满足特权阶层的消费而不是促进手工业发展，手工业仍不得不从属于农业，以农业为主导的传统产业结构始终是牢固的。在传统社会末期，无论是东方还是西方，商业都比较发达，相应的手工业也已经发展到一定程度。但由于现代技术并未发展起来，商业和手工业只能依附于农业，很难突破传统的生产方式。"交换挥霍的意识不管在欧洲上层阶级的思想中有多么强烈，它只能孕育诸如大西洋世界扩张之类的宏伟事业，却很难导致建立一种欧洲世界经济。"①但机器取代手工业改变了这种状况。机器的最革命性的意义在于，使生产突破了人本身自然力的限制，生产率空前提高。机器生产的标准化、精确化、规模化和快速化使产业结构内部要素发生快速分化，农业地位急剧下降，工业迅速崛起，成为产业结构中的主导力量。

其次，现代技术使物质生产日益从血缘和地缘共同体分化出来。传统社会的物质生产是被包容在家庭共同体和村落共同体范围内的。家庭和村落既是人口的生产和教育场所，又是物质生产的主要场所。因为在以农业技术为主导的生产方式中，农业不可能脱离家庭和村落，手工业生产即使在部分传统城市集中，其规模相对有限，同时也是为农业服务的，是农业的辅助产业。但机器等现代工业技术的出现和发展，使物质生产逐渐从家庭和村落共同体等血缘和地

---

① ［美］伊曼纽尔·沃勒斯坦：《现代世界体系》（第一卷），郭方等译，社会科学文献出版社2013年版，第29页。

缘共同体中分化出来。独立的经济组织开始出现、发展并向城市积聚。以英国为例，我们可以明显感受到这种变化。早期工业化时期，"16世纪中叶，英国的工资劳动者占总人口的36%，到17世纪，格利戈里·金估计工资劳动者已占了总人口的47%，约为57万"①。这些工资劳动者在当时主要受雇于大农场和手工工场，虽然多数仍在农村大农场里工作，但已脱离了家庭这种血缘共同体，成为早期工业化的劳动力提供者。随着现代技术的快速发展，1700年，英国农村人口占总人口的比重约为60%，1821年降为32%，到1851年则降到16%。②这样大多数劳动力不仅脱离了家庭这种血缘共同体，也脱离了传统的村落等地缘共同体。

再次，现代技术促使产权分化，进而使经济活动日益从政治控制中分化出来。传统社会的经济活动和经济组织一般都具有很强的政治性质，经济组织不仅以政治组织的要求为边界，还直接优先服务于政治组织。这种状况使产权得不到确认，专业化生产因而很难顺畅进行。现代技术的出现，尤其是机器的发明，促进了生产专业化。专业化生产使得原来集中的产权开始分化，在专制国家所有权和领主所有权之外，企业所有权逐渐得到确认。这种所有权得到确认的经济组织即企业及其活动，以追求自身经济利益为目的，在更大程度上摆脱了政治组织和政治活动的控制。同时，产权能够产生分化的另一个重要因素，则是由现代技术推进的生产专门化所引发的法律关系的分化。在传统社会的惩罚性法律部门（如刑法）内部，逐渐分化出恢复性法律（如民商法等）。正是这些恢复性法律在确认产权关系、维持生产秩序（对此，迪尔凯姆曾在《社会分工论》中做过详细分析，应该说这种分析是比较深刻的）。但是，迪尔凯姆只看到了法律部门的分化，并没有顾及法律性质的演化，同时，他虽然很有见地地分析了恢复性法律出现的必然性，但却只认为分化出了恢复性法律，这种看法也是不全面的。其实，现代法律之所以产生并发生分化，是得益于具有真

① 杨杰：《英国工资劳动者》，杭州大学出版社1991年版，第122页。
② 胡放之：《英国工业革命时期的劳动力市场与工资水平》，《湖北大学学报》（哲学社会科学版）2004年第3期。

正立法权意义的立法机构从传统社会的专制政治中演变出来这一事实的，而且比如行政法和诉讼法等也是慢慢分化出来的，但它们却很难归属于恢复性法律。现代法律体系之完善，已经远远超出惩罚性法律和恢复性法律的总和。就中国而言，随着现代化进程的日益发展，我们已经形成了"以宪法为统帅，以宪法相关法、民法商法、行政法、经济法、社会法、刑法、诉讼和非诉讼程序法等多个法律部门的法律为主干，由法律、行政法规、地方性法规三个层次的法律规范构成的中国特色社会主义法律体系"[①]。可见，技术与政治有剪不断的联系，传统专制政治到现代民主政治的演进，在一定程度上可以看作技术的发展推动的。技术的发展不仅推动立法关系、司法关系、行政关系从专制政治中分化出来，各种关系内部也一样在发生分化。这是由现代技术所推进的生产专门化决定的，生产专门化使经济关系复杂化，由于经济关系的决定作用，政治关系也必然由简单走向复杂，从而推进政治民主化。从工业革命对妇女角色所产生的影响中可深刻体会到这一点，工业革命对妇女总的影响是，"迫使妇女走出过去她们以此为生的家庭经济，进入新的、家庭以外的工薪经济"[②]，比如从事纺线、织布等，进而促使妇女在之后去争取自身的政治权利。

最后，现代技术的出现和发展，使传统社会宗教和伦理控制日益削弱，思想文化领域发生激烈分化。现代科学尤其是自然科学的发展使人们摆脱了愚昧的状态，现代技术作为科学和物质实践的中介及人们改造自然的手段使自然界发生前所未有的变化。这一方面使人们的物质需要得到了更大的满足，新的多样化需要不断产生；另一方面，则改变了人们的意识，主体性意识和个体意识逐渐崛起，传统社会的思想文化领域完全意识形态化的局面被打破，文化日益多元化。个人不仅在积极地寻求改造自然，也在寻求改造与他人的关系，改造自己的精神世界，追求生活的意义和人生的价值。从整个社会范围来看，精神

---

① 中共中央文献研究室：《十八大以来重要文献选编》（上），中央文献出版社 2014 年版，第 195 页。

② ［美］斯塔夫里阿诺斯：《全球通史》（下卷），吴象婴等译，北京大学出版社 2006 年版，第 501 页。

文化需求因而呈现出多样化态势。同时现代技术的发展使大批农民进城转化为市民，从而加大了对教育的需求，教育的发展也使文化更加多样化。

（二）社会分工与社会分化

分工是社会劳动的总体形式，分工的本质内容就是社会劳动。分工本身包含生产力和生产关系两个方面的属性，是联结生产力与生产关系的中间环节，对社会分工问题的考察，使马克思揭示了生产力与生产关系的矛盾运动规律，揭穿了人类社会历史发展之谜。就分工的生产力属性而言，它是对劳动者、劳动资料、劳动对象以及劳动产品在不同活动部门和不同活动领域之间的分配。分工体现生产力发展水平，"一个民族的生产力发展的水平，最明显地表现于该民族分工的发展程度"[①]。生产力发展水平决定分工的发展程度，"分工的阶段依赖于当时生产力的发展水平"[②]。就分工的生产关系属性而言，社会分工是生产关系和其他社会关系形成的基础，并制约生产关系和其他各种社会关系。"分工的各个不同发展阶段，同时也就是所有制的各种不同形式。这就是说，分工的每一个阶段还决定个人在劳动材料、劳动工具和劳动产品方面的相互关系。"[③]"分工从最初起就包含着劳动条件——劳动工具和材料——的分配，也包含着积累起来的资本在各个所有者之间的分割，从而也包含着资本和劳动之间的分裂以及所有制本身的各种不同的形式。"[④]

由此看来，作为生产力与生产关系中间环节的社会分工之于社会发展的功能和作用是至关重要的，当然，社会分工之于社会分化的影响和作用也同样重要。正是由于社会分工对于社会分化的重要性，学界对社会分工所导致的社会主体即人的分化展开了深入研究，并取得了丰硕的成果。但是，对社会分工所

---

① 《马克思恩格斯文集》第 1 卷，人民出版社 2009 年版，第 520 页。
② 《马克思恩格斯文集》第 1 卷，人民出版社 2009 年版，第 587 页。
③ 《马克思恩格斯文集》第 1 卷，人民出版社 2009 年版，第 521 页。
④ 《马克思恩格斯文集》第 1 卷，人民出版社 2009 年版，第 579 页。

导致的社会结构体系分化方面的研究还很薄弱，立足于现代化阶段的更是少之又少。那么在现代化进程中，社会分工是如何导致社会结构体系分化的呢？

首先，社会分工使经济领域发生分化。社会分工推进了技术的发展，使产业结构发生分化，以工业为主导的产业结构取代了传统社会以农业为主导的产业结构。社会分工不仅能提高劳动技能和劳动生产率、减少劳动中的时间浪费进而节约劳动时间、借助不同劳动力的素质差异以及不同地区的资源条件差异节约成本，还能够推进技术的发展。正是工场手工业条件下的分工，才使得人们积累了创造机器的物质和技术前提，进而发明机器。其结果是大机器工业分化出来进而取代农业成为社会的主导产业。工业的发展，尤其是农业机械工业的发展，"不仅把更多的人手从农田解放出来，还意味着更多的人口可以迁移到城镇和工厂"①。再加上农奴制的废除，旧的生产关系解体，劳动力流动性大大增强。大量的劳动力继而被投放到由技术发展所推动的已见雏形的工业领域，诸如煤气、石油、电力、冶金、交通、航空、通信等。这样，日益分化发展的工业在整个产业中逐渐居于主导地位，与此同时，相关的服务业也发展起来，农业所占比重降低。在促进产业结构分化演变的同时，社会分工同样使传统社会生产、分配、交换、消费等各种环节发生分化，并使交换的功能和地位更加突出，进而使市场逐步成为经济的主要调节方式。经济领域的生产、分配、交换、消费等各种环节在传统社会具有突出的统一性，在很大程度上统一于家族、家庭和村落等血缘共同体和地缘共同体内部。随着社会分工的发展，脑力劳动和体力劳动进一步分离，商业日渐兴盛，特别是随着工场内部脑力劳动和体力劳动的进一步分离，生产、分配、交换、消费等环节逐步脱离家族、家庭和村落等血缘共同体和地缘共同体，市场交换的功能和地位就更加突出。传统社会虽有市场交换，但由于人们各自生产着自身所需要的绝大部分产品，交换只是附带性的。但随着分工的发展，人们为交换而生产时，特别是当工业日益居于主导地位时，市场交换的地位和功能逐渐突出。从事生产的每一个

---

① ［英］诺曼·戴维斯：《欧洲史》（下卷），郭方等译，世界知识出版社 2007 年版，第 781 页。

人，由于分工的发展，只是在生产产品的一个部分，即使是作为生产组织的每个企业，也只是在生产社会需要的一个或几个产品，个人和企业组织都不会像传统社会的家庭和村落那样能生产自己所需要的几乎全部产品。这不仅造就了众多脱离了传统共同体的独立的市场主体和独立的个人，还造就了他们自身的片面性。这些独立的市场主体和独立的个人生产的片面性及其需求的全面性，使得市场交换的地位和功能凸显出来，分工的范围有多大，交换的范围就有多大。随着产业结构分化程度的加深，一旦工业成为主导产业，这种以分工为前提、以市场交换为中介的物的之间的普遍联系，就会在全社会范围内逐步建立起来，市场也因此成为经济的主要调节方式。

其次，社会分工促进了政治领域的分化。一方面，社会分工所引起的交往范围的扩大、交换的发展，使社会逐渐形成物的依赖关系，进而促进政治领域分化。社会分工加剧了个人生产的片面性，这种片面性使人们借助市场交换形成了一种相互满足对方需要的庞大体系。市场交换摒弃了感情色彩，无论交换双方感情好坏是否真实存在，人们必须进行交换。因为每个人都是不同的，从事的不同劳动、生产不同的产品，每个人只有依赖他人才能满足自身的需求。这样，市场交换就突破了血缘和地缘共同体的限制，克服了血缘和地缘共同体依靠同质性所维持的统一性，在越来越广泛的范围内创造了一种新的统一性，从而附带生产着物的依赖关系下的社会秩序。市场对社会秩序的这种生产和维持功能，是经济发展的必然，加上这种生产的附带性所致的天然的低成本，使得政治领域对社会秩序生产的独享和垄断既无可能也无必要，政治领域的这部分职能由此分化出去，从而由市场来承担。

另一方面，除政治结构对社会秩序的生产和维持功能部分由市场承担外，社会分工的发展还使原有政治系统的功能分别由新的专门职能机构来承担。社会分工的发展，造就了众多各不相同的独立经济主体，各种各样的经济活动日益充斥经济领域，经济关系日益多样化、复杂化。而要对这些经济主体的种类繁多的经济活动和经济关系进行调整与规范，并对其提供有效的公共服务，就要求与之相应的政治功能领域从传统政治结构中分离出来。原有混沌一体的政治结构由此分化，以适应日益分化的经济领域对货币、资金、税收、法律、财政、金融、信息、能源、消费保护、国内外贸易、生态环境等多方面的专门需求，从而成为执行相应专业职能的部门和机构。

最后，社会分工促进了思想文化领域的多元化。一方面，社会分工促进了交往和交换范围的扩大，打破了血缘和地缘共同体的限制，人的依赖关系逐渐被物的依赖关系所取代，家庭、村社和领地在经济与政治中的重要性逐渐减弱，这就使得经济和政治生活的宗教与伦理色彩逐渐削弱和淡化，随之，借助宗教和伦理而建立的传统社会的正统学说也逐渐瓦解，整个文化领域呈现多元化。另一方面，由于社会分工和交往突破了国界，历史越来越成为"世界历史"，各种不同文化的相互激荡必然使一个社会内部铁板一块的思想文化受到不同程度的冲击，加之主体性意识的增强，文化多元化便不可避免。此外，社会分工同样存在于精神文化领域内部，精神生产和精神生活更加多样化。

（三）资本与社会分化

资本不仅是生产要素，而且是一种社会关系，不断增值自身是资本的本性。古典经济学家主要把资本作为物、生产要素来认识，马克思认为这是远远不够的，"单纯从资本的物质方面来理解资本，把资本看成生产工具，完全抛开使生产工具变为资本的经济形式，这就是使经济学家们纠缠在种种困难之中"[1]。他批评古典经济学家们只看到了资本的实物形态，没有看到使资本成为资本的形式规定，即资本的实物形态存在于其中的社会关系。"黑人就是黑人，只有在一定的条件下，他才成为奴隶。纺纱机就是纺棉花的机器，只有在一定的条件下，它才成为资本，脱离这种关系，它也就不是资本了。"[2]资本是一种社会关系，一种历史性的社会关系，"自然界不是一方面造成货币占有者或商

---

① 《马克思恩格斯全集》第30卷，人民出版社1995年版，第594页。

② 《马克思恩格斯文集》第1卷，人民出版社2009年版，第723页。

品占有者，而另一方面造成只是自己劳动力的占有者。这种关系既不是自然史上的关系，也不是一切历史时期所共有的社会关系。它本身显然是已往历史发展的结果，是许多次经济变革的产物……"①。资本增值的秘密在于"用自己不变部分即生产资料吮吸尽可能多的剩余劳动。资本是死劳动，它像吸血鬼一样，只有吮吸活劳动才有生命，吮吸的活劳动越多，它的生命就越旺盛"②。

那么，资本是如何使社会结构体系发生分化的呢？资本主要是通过促进生产方式的变革进而促使社会结构体系分化的，资本促进了生产方式的变革，促进了经济领域的分化。在以农业为主导的生产方式向以工业为主导的生产方式转变的过程中，资本始终是参与其中的，工场手工业已经是资本比较密集的参与，以某种意义上讲，工业技术也是应资本呼唤产生的。实现剩余价值不断增长的方式，要么通过延长劳动时间和提高劳动强度，要么通过提高生产率。然而，无论如何延长劳动时间和提高劳动强度终归都是有限度的，追求技术革新和生产方式的变革则是无止境的。"它必须变革劳动过程的技术条件和社会条件，从而变革生产方式本身，以提高劳动生产力，通过提高劳动生产力来降低劳动力的价值，从而缩短再生产劳动力价值所必要的工作日部分。"③也就是说，资本必须通过技术革新，提高劳动生产力，榨取相对剩余价值，才能实现自身无限增值的本性。这样，资本为了实现自身，促使技术革新和生产方式变革就成为一种必然。"资产阶级除非使生产工具，从而使生产关系，从而使全部社会关系不断地革命化，否则就不能生存下去。反之，原封不动地保持旧的生产方式，却是过去的一切工业阶级生存的首要条件。生产的不断变革，一切社会关系不停地动荡，永远地不安定和变动，这就是资产阶级时代不同于过去一切时代的地方。一切固定的古老的关系以及与之相适应的素被尊崇的观念和见解都被消除了，一切新形成的关系等不到固定下来就陈旧了。一切固定的东西都烟消云散了，一切神圣的东西都被亵渎了。人们终于不得不用冷静的眼光

① 《马克思恩格斯文集》第5卷，人民出版社2009年版，第197页。
② 《马克思恩格斯文集》第5卷，人民出版社2009年版，第269页。
③ 《马克思恩格斯文集》第5卷，人民出版社2009年版，第366页。

来看他们的生活地位、他们的相互关系。"①

　　一方面，资本持续不断地创造新的需求，并通过技术的不断创新，满足新的需求，不仅如此，资本还在越来越广泛的范围内传播新的技术，这就使传统社会的产业结构发生了根本分化，现代工业和服务业逐渐占据主导地位，甚至出现了现代工业和服务业的联合垄断。对资本的无限需求使18世纪20年代欧洲的股份公司获得发展，到19世纪20年代以后，有限责任公司在欧洲各地都已经成为常见的企业组织形式。"这些'股份有限公司''股份公司''有限公司'（以及它们的股东和股东年会），付给投资者股息；同时对债权人仅承担有限责任。通过'横向'合并和'纵向'订约，这些有限公司很快就联合成规模更大的联合企业。"②另一方面，资本的条件是雇佣劳动，大量一无所有的劳动力的存在，是资本存在的前提。资本迫使生产、分配、交换等环节从血缘和地缘共同体分离出来，使得传统社会的血缘和地缘共同体被打破，生活其中的社会成员要想继续生存，也必须像被迫进入城市的劳动力一样为资本而生产，而在城市内部，生产者和享受者更是完全分离的。

　　在政治领域，资本促进了传统社会政治结构的分化，逐步确立了形式上的自由和平等。资本运动过程就是资本增值自身的过程，资本的运动公式是G–W–G。也就是说，资本运动是从货币到商品再到货币，是为卖而买，它不像传统经济是为了获得商品的使用价值，而是为了获得交换价值，实现剩余价值。在流通领域，资本运动客观上需要一种交换上的平等，进而实现各种生产要素和产品的平等交换。为此，人们需要订立平等交换的契约，借以买入和卖出各种生产要素、劳动产品和劳动力。经济上的自由和平等要求必然在政治上反映出来，在客观上要求打破传统社会的等级制度和专制制度的束缚，为资本增值开辟道路。在这个过程中，作为资本代理人的资产阶级发挥关键作用，正如沃勒斯坦在论及17世纪英、法两国建立强大民族国家的异同时所指出的，

① 《马克思恩格斯文集》第2卷，人民出版社2009年版，第32页。

② ［英］诺曼·戴维斯：《欧洲史（下卷）》，郭方等译，世界知识出版社2007年版，第786页。

"两国的封建贵族均大都转化为资本主义式的农场主，并在非农业活动中扮演着重要角色，而且这些非贵族资产阶级由于他们的经济成功，他们迟早会取得更高的社会地位"①。同时，资本所建立的物的依赖关系也为等级专制政治对社会秩序的维持提供了一种替代，也就是迪尔凯姆所说的社会"有机团结"逐渐替代"机械团结"。这种替代使传统社会政治机构对社会秩序产生的垄断解体。这样，传统社会的专制政治结构必然发生分化，政治权力关系、政治机构也必然呈现复杂化、多样化，具有形式上的自由和平等的政治结构逐渐形成。

在文化领域，资本打破了传统社会具有强烈宗教和伦理色彩的单一正统学说的统治。资本建立了物的依赖关系，不仅在一国范围内，而且扩展到世界范围内。"只有在交往具有世界性质，并以大工业为基础的时候，只有在一切民族都卷入竞争的时候，保存住已创造出来的生产力才有了保障。"②"资产阶级，由于开拓了世界市场，使一切国家的生产和消费都成了世界性的了……过去那种地方的和民族的自给自足和闭关自守状态，被各民族的各方面的互相往来和各方面的互相依赖所代替了。"③这种物的依赖关系赖以建立的普遍的经济纽带关系，破坏了传统社会血缘和地缘共同体内部的紧密联系，使原来的共同体失去了主导地位。由资本所推动的交往关系，不仅包括物质交往，而且包括精神交往。原有的具有同质性的整体性意识逐渐被削弱，加上人们对自由和平等的追求，就必然导致具有强烈宗教和伦理色彩的单一正统学说垄断的逐步解体。

（四）政治民主化与社会分化

现代化进程中的政治民主化，要么走向资产阶级民主，要么走向社会主

---

① ［美］伊曼纽尔·沃勒斯坦：《现代世界体系》（第二卷），郭方等译，社会科学文献出版社 2013 年版，第 123 页。

② 《马克思恩格斯文集》第 1 卷，人民出版社 2009 年版，第 560 页。

③ 《马克思恩格斯文集》第 2 卷，人民出版社 2009 年版，第 35 页。

义民主，两种民主对于传统社会的专制来讲都是进步。那么，究竟什么是政治民主化呢？亨廷顿和巴林顿·摩尔都曾对此做过描述。亨廷顿认为，"政治现代化涉及权威的合理化、结构的分离和政治参与的扩大等三个方面"①。巴林顿·摩尔认为，"民主进程是一场漫长的而且必然是没有止境的斗争，旨在进行三项密切相关的事情：① 对专制统治者加以控制；② 以公正合理的统治取代专制统治；③ 使基本民众在进行统治时分享统治权"②。笔者认为，可以把政治民主化定义为政治权威合理化基础上有效政治参与的扩大。所谓政治权威合理化，是指全国性、世俗化、单一的政治权威取代各种传统的、种族的、宗教的政治权威。对内实现民族统一，坚持中央主权，集中权力于公众认同的国家立法机构中，政治权力运行遵循既定法则；对外坚持国家主权，维护国家利益。所谓政治参与，就是指社会主体包括个人和组织通过一定的方式与渠道试图影响政治过程的政治行为。有效政治参与扩大，是指社会主体的政治参与意识增强，政治参与渠道日益畅通，各政党和团体等参与组织日渐完善，社会主体对政治决策和政府行为的影响日益凸显。缺乏有效政治参与的权威合理化，只能造成独裁或集权；政治参与的扩大不建立在权威合理化的基础上，只会造成政治涣散和无政府状态。至于亨廷顿提到的政治结构的分离，其实与政治民主化是相互作用的，政治结构的分离促进了政治民主化，而政治民主化反过来又加速了政治结构的分离，由此推动了政治现代化进程。

弄清楚了政治民主化的内涵，接下来我们来分析政治民主化如何促进社会分化。政治民主化对社会分化的促进作用主要表现在以下几个方面：首先，政治民主化促进政治结构的分化。从一定程度上讲，政治民主化就是一种有效政治参与的扩大，既然如此，我们只要弄清楚政治参与的扩大如何促进社会分化，也就说明了政治民主化是如何影响政治结构的分化的。一方面，政治参与

①　[美] 亨廷顿：《变化社会中的政治秩序》，王冠华译，上海人民出版社 2008 年版，第 78 页。
②　[美] 巴林顿·摩尔：《民主和专制的社会起源》，拓夫等译，华夏出版社 1987 年版，第 335 页。

能够扩大并成为有效政治参与的前提，就是由于政治参与渠道的拓展，而政治参与渠道的拓展实质上也就是政治结构的分化。在传统社会向现代社会演进过程中，由于经济因素的作用会不断出现许多新的政治参与主体，这些新的政治参与主体对于先前的政治系统而言，是一种异质的东西。他们虽然已经出现，但并不意味着他们可以畅通地参与政治，这是因为原有的政治系统并没有把参与渠道提前给他们准备好，以便现在容纳他们。当原有的政治参与渠道无法满足日益扩大的政治参与时，政治系统本身必须拓展新的参与渠道，比如组建政治团体和利益团体等，来吸纳日益增多的政治参与主体，否则就会造成社会混乱，影响社会秩序。一旦政治主体拓展新的政治参与渠道时，政治结构的分化也就发生了。另一方面，我们之所以强调这种政治参与必须是有效政治参与，是因为仅仅拓宽了政治参与渠道并不能满足政治参与主体的参与要求。政治参与主体参与政治的最终目的是通过向政治系统提出政治要求来实现或维护自身利益。而有效政治参与诉求的迅速增长会因此对政治系统形成实实在在的巨大压力，从而要求政治系统必须对此做出有效回应，这就迫使政治系统的各个环节发生分化。这种分化表现在政治活动、政治实体（立法机构、司法机构、行政机构等）、政治制度等各个层面。法国大革命就是典型的例子。法国大革命前，"所有法国人在法律上都属于某一等级，即社会阶层，这种成员资格决定了他们的法定权利和特权。第一等级由教士组成，教士在 2450 万的总人口中约有 10 万。第二等级由贵族组成，总数约 40 万。第三等级包括其他所有的人——2000 多万农民、约 400 万城市商人和工匠"①。法国大革命前，从 1720 年到 1789 年，法国物价上涨了 65%；1713—1789 年，贸易却增长了 5 倍。②但商人们对旧政权仍然不满，其原因是他们不满自己被排除在政治系统之外，他们想得到与其经济地位相称的政治权力。与此同时，其他社会成员也想参与

---

① ［美］斯塔夫里阿诺斯：《全球通史》（下卷），吴象婴等译，北京大学出版社 2006 年版，第 524 页。

② ［美］斯塔夫里阿诺斯：《全球通史》（下卷），吴象婴等译，北京大学出版社 2006 年版，第 524 页。

政治来表达自身的利益诉求。但是当时法国的政治系统并未给予有效的回应，从而导致法国革命的爆发。而之后拿破仑有效回应了这种政治参与需求，废除了封建制度和农奴制，制定并实施了著名法典，承认了公民法律上的平等地位，从而保证了政治系统的适应性。只是由于后来其对外的军事扩张失败，才又导致其政治系统的解体。

这里需要强调的是，政治民主化必须以政治权威的合理化为基础，但政治民主化进程并不等于政治权威的丧失；相反，现代化进程中的政治民主化以及政治结构的分化与政治权威的合理化、政治权威的加强密不可分。现代化进程中，生产力的发展和普遍经济联系的逐步建立，使原有经济关系的行会性、宗法性、地域性得以消除，统一的国内市场开始建立，国际经济联系日益加强。这就需要政治、文化等各个层面和领域与之相适应，统一的立法体系、统一的币制和税收、统一的执法体系应该建立起来，政治国家因而必须消除宗法色彩和地域性分割。先发现代化国家正是在这个基础上开始自身的现代化进程的。关于这一点，沃勒斯坦在谈及资本主义世界经济体系确立的前提时，曾提出三个前提。他认为，"有三件事是建立这种资本主义世界经济的基础，其一是该世界地理范围的扩大，其二是在世界经济的不同地区针对不同的生产发展多种控制劳动力的手段，其三是在将成为资本主义世界中心国家的地区建立相对强大的国家机构"①。沃勒斯坦的欧洲中心论的立场无疑是应当批判的，但他所强调的，建立强大的国家机构对于现代化的重要性，还是需要加以肯定。实质上，不仅先发现代化国家，后发现代化国家更是只能在这种情况下有效地实现现代化。因为只有建立相对强大的国家政权，才能使政治国家对内享有权威而不被地域性的权力左右甚至分割，对外享有主权而不受任何国家的干涉，从而保证自身现代化进程的正常进行。在生产社会化对公共服务和公共产品的需求上，特别是对高速公路、铁路、港口、航

---

① [美]伊曼纽尔·沃勒斯坦：《现代世界体系》（第一卷），郭方等译，社会科学文献出版社2013年版，第27页。

行、大型输电、灌溉、供水等基础设施的建设需求，以及要求政治系统在经济活动中承担越来越多的指导、计划、协调等功能，所有这些都以政治权威的合理化作为基础和保障。

其次，政治民主化反映经济领域的分化，并通过对这种分化和变迁的确认进一步促进经济领域分化。经济基础决定上层建筑，政治领域的变化反映经济领域变化，政治领域的各种变化和调整也在不断确认经济分化和变革的成果。随着工业化和市场化的推进，传统社会经济领域逐渐分化，不仅农业失去了其统治地位，工业日益占据主导地位，各种产业内部专业化程度也不断加深，而且物的依赖关系把由于日益发达的分工而产生的异质的市场主体和社会成员联结起来。这种物的依赖关系的建立必须具备两个不可缺少的前提，其一，市场主体和社会成员必须是自由自主的。这里的自由自主是指这些市场主体和社会成员可以自由地追求自身的物质利益，并且在交换价值面前是平等的。其二，产权必须是分散和明晰的。没有产权的分散和明晰，市场主体和社会成员很难有财产的处置权、使用权和受益权，从而市场主体和社会成员便也没有了自身所交换的对象和追求的物质利益。这两个前提必然会促进政治民主化，只有政治日益民主化才能逐步满足这两个前提的现实要求。反过来，政治民主化（以及法治化）对这两个前提的确认，则又促进了经济领域的进一步分化。没有日益民主化的政治领域对诸如产权制度、市场主体的自由平等地位的确认，经济领域的进一步分化和发展是极其困难的。

最后，政治民主化使文化结构逐步多元化。政治权威的世俗化打破了传统社会单一正统学说对文化的垄断，宗教对论证政治统治的合法性不再具有过去的效果。随着传统共同体的逐步解体，传统社会具有共同道德情感的同质化个人逐渐转变为秉持物质利益原则追求物质利益的异质化个人，伦理和道德对人的约束力也大大下降。在此基础上，政治参与的扩大，也会对意识形态本身产生压力。这样，以具有强烈伦理和宗教色彩的单一正统学说为主体的传统文化某种程度的解体便不可避免。

（五）主体性意识与社会分化

主体性究竟是指什么，在 20 世纪 90 年代初曾引起学术界广泛的争论，而今随着现代性问题的凸显，特别是围绕对主体间性问题的讨论，主体性问题重新被提起。笔者认为，主体间性不过是一种特殊的主体性，而主体性则是指在主客体关系中，主体按照为我目的和倾向，借由对象性活动作用于客体过程中所体现出来的自主性、能动性和创造性，它不是主体属性的缩略语，而是主体最本质的特性。那么，人的主体性意识是如何促进社会分化的呢？

如果说传统社会里人的主体性由于种种因素在很大程度上被压抑遮蔽的话，那么，现代化进程则是一个人的主体性逐步彰显的过程。15 世纪的文艺复兴运动、16 世纪的宗教改革以及之后的启蒙运动逐步使人的主体性意识觉醒。文艺复兴以人本主义反对神本主义，以理性主义反对蒙昧主义，鼓励人们摆脱等级制度和宗教神学的束缚，发挥自身的个性，追求现世的幸福；强调科学的实证性、精确性和有效性，鼓励用科学理性的权威代替宗教信仰的权威。宗教改革运动则更进一步使宗教伦理与勤劳、简朴、节制等积极的创业精神衔接在一起，使人的自主性、能动性和创造性的发挥有了西方文化自身的内在根据。加上科学技术的发展，人的为我目的倾向、人的自主性、能动性和创造性在文艺复兴和宗教改革中迅速展现出来，自然的神性逐渐消失。人不再把自然看作神圣的对象加以崇拜，而是把这种关系看作支配与控制关系。人把自然作为人的生活原料，能动地开始改造和利用自然。人与自然的关系是以人与人的关系为中介的，传统社会里人对自然的服从和崇拜，是以人与人之间较低层次的融洽与团结为载体的，这种融洽与团结是一种政治强制条件下的融洽与团结，是宗教或伦理教化下的融洽与团结。但是，随着传统社会向现代社会的演进，特别是随着市场经济以及人的主体性意识的兴起，人与人的关系逐步转变为基于自身个体利益的竞争关系，也只有这种人与人的关系状态才能中介人与自然关系的现代转变。同时，人的主体性意识还使人不断地改变人与自身的关系，使自身的能力和需要等不断获得提升和满足。

　　人的主体性意识，更确切地说，是人的个体性的主体意识的觉醒，促使社会结构发生分化。韦伯曾强调反映在经济领域里的个体性主体意识的巨大作用，韦伯把它叫作"经济理念"。而"正是这种理念为新的企业家提供了正确的道德基础和理由"①。这种理念就是"合乎理性地组织劳动，以求为人类提供产品。……这与农民追求基本生存是截然相反的，与行会师傅以及享受特权的传统主义也是截然相反的"②，也正是这种理念促进了资本主义的兴起和发展。这种理念就是一种资本主义精神，韦伯甚至认为"近代资本主义扩张的动力并不是用于资本主义活动的资本额，重要的是资本主义精神的发展"③。韦伯对这种经济理念的重视充分说明了个体性主体意识兴起对经济领域所产生的巨大作用，它导致经济领域的全面变革。在经济领域里，正是由于个体性的主体意识的觉醒、交换价值面前的个人平等、产权分散、个人主体利益原则的确立，人的自主意识、独立意识、平等意识、创新意识才使市场逐渐发展起来并成为资源配置的主要方式。而市场经济的逐步发展，促使产业结构和生产领域的各个环节发生快速分化。个体性的主体意识的觉醒所致的经济领域里个人自由和平等（哪怕仅仅是形式上的自由和平等）的确立，也必然在政治领域里反映出来，从而使传统政治结构的继续存在变得不再可能。传统的专制政治结构必然要发生分化，以适应和确认经济领域里独立利益主体对自由和平等的追求。但是，就个人主体性意识觉醒对政治领域的影响而言，在中西方是有区别的，这种区别主要表现在西方经历了一个权力由教会向政府的转移阶段，而这也是"宗教改革直接的和决定性的遗产"④。个体主体性意识的觉醒本身，就代表传统社会文化领域的分化，自然科学和社会科学迅速发展，具有强烈宗教伦理色彩的传统文化再也不能一统天下。

---

① ［德］马克斯·韦伯：《新教伦理与资本主义精神》，群言出版社 2007 年版，第 58 页。

② ［德］马克斯·韦伯：《新教伦理与资本主义精神》，群言出版社 2007 年版，第 58 页。

③ ［德］马克斯·韦伯：《新教伦理与资本主义精神》，群言出版社 2007 年版，第 51 页。

④ ［美］斯塔夫里阿诺斯：《全球通史》（下卷），吴象婴等译，北京大学出版社 2006 年版，第 385 页。

三、现代化进程中社会分化的机制

我们已经分别考察技术、社会分工、资本、政治民主化和主体性意识在现代化进程中对社会分化的影响，接下来我们来系统分析现代化进程中社会究竟是如何分化的，即现代化进程中社会分化的机制究竟是什么。

（一）现代化进程中社会分化的机制分析

社会是人的活动的产物，正是人的活动促进社会不断的分化和发展。人的活动又是由人的需要决定的，因此，从根本意义上说，是人的需要促进了社会的不断分化和发展。人的需要具有社会性和无限发展性，正如马克思所指出的，"已经得到满足的第一个需要本身，满足需要的活动和已经获得的为满足需要而用的工具又引起新的需要"①。我们从马克思的这个论断可以看出，人的需要的发展不仅由原先的需要作为基础，而且人的需要是受技术、人的活动，进而受生产方式和社会结构体系的发展状况决定和制约的。其中，"工具"即技术起最为关键的作用。"满足需要的活动"要想进一步满足人的新的不同需要，必然会是一种不同于以往的活动，因此，这种活动就意味着分工，正是技术和分工的发展推动新的需要的产生，也决定新的需要的限度。马克思的这个观点，比后来西方某些学者仅仅从心理学角度研究人的需要所得出的结论要深刻得多。

迄今为止的人类历史有力证明了这个观点的科学性。在原始社会时期，由于技术的落后和分工的不发达，人的需要多是自然需要即生存需要。即使有社会需要，也是依附于简单的原始自然分工，文化需要同样是朦胧蒙昧的，且均依附于原始共同体。随着技术和分工的发展，剩余产品出现。剩余产品的出现，

---

① 《马克思恩格斯文集》第 1 卷，人民出版社 2009 年版，第 531 页。

使一部分人可以组成统治集团，靠占有剩余产品为生同时构建社会秩序；也使一部分人专门生产精神产品成为可能。人的需要因此开始进一步为自然需要、社会秩序需要和精神需要，社会领域也相应分化为经济领域、政治领域和文化领域。由于人的需要的多样性和无限发展性，技术和分工会不断发展和分化。又由于技术和分工发展首先体现在经济领域，这就必然使经济领域先发生分化，产业结构和经济形式都会逐步变迁。这种状况必然会促使政治领域和文化领域发生相应分化，以适应或维护经济领域的分化状况，从而寻求新的基础上的社会结构体系的平稳与协调。一般而言，人类社会就是循着这样的机制不断分化和发展的，即需要→技术→分工→经济领域分化→政治和文化领域分化。

如果说我们前面所述可以称为人类社会分化的一般机制的话，那么，现代化进程中社会分化的机制则是一定历史阶段的具体机制，是人类社会分化的一般机制在特定历史阶段的表现，具有自身的特殊内容。现代化进程中的社会分化是传统社会发展到一定历史阶段，在传统社会各种历史条件积累的基础上，向现代社会过渡中的分化。传统社会发展到一定阶段，社会生产的技术需要不仅增加，也使技术创新具有现实可能性。传统社会中的手工工具无法使人们改造自然的能力突破人本身自然力的限制，人们要想摆脱外部自然力的统治，必须及时创新技术。同时，传统社会手工业的发展使行业内部分工和生产过程各个环节的分工成为现实，这为技术的发展提供了可能。随着自然科学的发展，机器大工业出现。机器大工业的出现推进了分工的发展，分工的发展又反过来促进技术的创新，机器大工业和分工的发展使社会结构迅速分化。传统社会的社会分工只是一般分工，而机器大工业必须以生产部门内部的各个环节的分化为基础，工场手工业为大机器生产创造了这种劳动组织形式。而机器大工业的发展反过来又促进了分工的进一步发展，新的生产部门不断分化出来。这个过程当然是伴随着资本的积累及其逐步扩展的。其结果是，产业结构中，不断分化发展的工业成为主导产业，生产、分配、交换环节不再是自然统一而是不断被部门化，城乡进一步分离，农村从属于城市，国际经济体系中东方从属于西方。经济领域中的这种分化，必然导致社会生活的多样化和复杂化，社会管理也更加部门化。由于物质利益原则和契约原则的确立使经济主体尽力摆脱政治强制，加上市场调节对社会秩序生产的辅助作用，政治领域生产社会秩序的绝对地位受到挑战。确定经济主体之间平等互利的契约原则必然要求在政治上确立社会成员之间的平等地位，这就必须树立法律的权威，在法律上赋予社会成员同等的权利和义务。而法律权威的树立，客观上必然要求传统政治结构本身的分化和专门化。立法机构、行政机构、司法机构按各自分工规范运行，加之政治参与的逐步扩大，政治日益民主化。经济领域的分化，物质利益原则和契约原则确立，以及政治民主化的推进，继而促进文化领域发生分化。经济个体追求物质利益的自主性，使人们产生个体意识、创新意识和效率意识，追求自由、平等、自主性和独立性，旧有的专制主义文化必然迅速分化解体，文化日益多元化。

从现代化进程中社会分化机制的这种考察中，我们仍然可以看到是遵循需要→技术→分工→经济领域分化→政治和文化领域分化这个人类社会分化的一般机制的，即：人要突破人本身自然力限制的这种需要，推动机器等工业技术的发展，进而促进分工的发展；接着，技术和分工的发展又促进经济领域的分化，经济领域的分化进而促进政治和文化领域的分化。但是，这里有两点需要特别注意：一是现代化进程中的社会分化出现了资本的巨大作用。如果说以前的社会分化是技术和分工的相互作用促进了经济领域分化的话，那么，现代化进程中的社会分化则是技术、资本和分工的相互作用促进了经济领域的分化；二是由于"世界历史"因素的作用，现代化进程中单一民族国家内部的社会分化会深受其他民族国家的影响，从而造成这样的结果，即虽然在归根结底的意义上，现代化进程中的不同民族国家的社会分化仍然遵循人类社会分化的一般机制，但是会因为"世界历史"的影响存在一定的差异。

（二）两种不同现代化进程中社会分化机制的考察

现代化进程大致分为两种不同的类型，一种是内源的现代化又称内源性变迁，① 主要是社会变革由自身力量产生的内部创新推动，并经历漫长的社会变革过程，外来影响居于次要地位，这些"内源性变迁"的国家也就是先发现代化国家；另一种是外源或外诱的现代化，② 主要是国际环境的影响和冲击引发了社会内部思想和政治变革进而推动经济的现代变革，内部创新居于次要地位。虽然社会分化有一般机制，现代化进程中社会分化的机制也大致相同，但不同的现代化进程中，社会分化机制还是有差别的。先发现代化国家的社会分化机制主要是靠工业化、市场化等经济变革来引导和推动，而后发现代化国家的社会分化机制主要是靠政治和思想变革来引导和推动的。

先发现代化国家的社会分化机制的形成主要由该民族国家内部经济领域的自发变革引发和推动，近代西欧是其典型。新航路的开辟、工业革命、海外市场的拓展使西欧经济领域里急剧分化。机器大工业出现，工业迅猛发展，农业快速工业化，资本不断积累并向全球疯狂扩张，普遍的市场联系被建立起来，传统的经济结构迅速解体。正是在技术、资本、分工、交往等因素所致的经济领域的分化及发展的推动和要求下政治革命爆发，政治领域才发生相应的分化，资本主义政治制度得以确立。这种社会分化机制，主要是由于社会内部旧有的生产关系不能适合生产力发展水平所致。生产力的发展自然要突破旧有交往关系的外壳，从而使经济领域发生变革，而经济领域的发展又顺其自然地要求政治领域和其他领域的变革。整个社会分化是一个自然过程，在很大程度上是自发的。由于这种社会分化机制的内生和自发性质，其分化过程一般相对稳定，西欧不同国家的社会分化和变革所导致的结果因而具有很大的确定性和相似性。

后发现代化国家的社会分化机制则不同。后发现代化国家大多是在社会经济领域还没有充分分化和发展的情况下，受世界历史进程的冲击，社会统治集团靠思想和政治领域的变革来推动经济领域的变革进而实现社会全面变革。也

---

① 罗荣渠：《现代化新论》，商务印书馆 2009 年版，第 131 页。
② 罗荣渠：《现代化新论》，商务印书馆 2009 年版，第 131 页。

就是说，这种社会分化机制的形成是由政治因素直接引发和推动的，几乎所有后发现代化国家都是这种状况，只不过不同民族国家受国外政治因素的影响程度不同而已。虽然在归根结底的意义上，社会分化机制都是由经济因素引发和推动的，但与先发现代化国家的社会分化机制不同的是，这种后发现代化国家的社会分化机制的形成主要不是自发的，而是人为的。政治领域的变革推进政治领域和思想领域的分化和重组，促进政治领域在不同程度上民主化，进而采取各种措施，引进或移植外部各种先进要素，促进经济领域的工业化、市场化，继而推进社会的全面变革。由于这种社会分化的机制并不是首先由经济领域变革引发，因此社会分化的难度较大，而明显的人为设计因素也使社会各个领域合理分化的程度受到种种制约。同时，由于不同民族国家推动这种社会分化机制形成的政治力量的能力有所不同，所追求的目标各异，社会分化和变革的历程不仅曲折起伏，具有很大不确定性，而且不同国家社会分化的结果也存在较大差异。关于这一点，亨廷顿和艾森斯塔德都曾经给予特别的关注。

四、现代化进程中社会分化的后果

现代化进程中社会分化的后果主要表现在两个方面。社会分化促进社会结构体系的复杂化，继而促进社会不断发展，这是社会分化的积极后果。这一点实际上已经体现在我们前面相关章节的论述中，在以后的有关章节中还会不同程度地涉及。本节侧重于分析现代化进程中社会分化后果的另一个方面，即社会分化的消极后果。笔者以为，现代化进程中社会分化的消极后果主要体现为以下几点。

（一）社会结构整体风险

现代化进程中，由于技术、分工、资本、政治民主化、主体性意识的增强等因素的影响，社会内部分化逐步加剧。同时，随着这些因素的国际化，单一社会整体结构面临越来越大的社会风险。技术的进步及在世界范围内的传播，分工的国际化，资本的全球扩张，政治民主化浪潮的影响以及主体性意识的觉醒，都使得社会发展的"世界历史"因素前所未有地增强。任何一个民族国家都不会像在传统社会那样独善其身。单一社会的发展与国际社会发展紧密地联系在一起，再也不可能分开，单一社会的发展与其他各个单一社会的发展密切相关。单一社会的社会分化，也正如社会发展一样，在影响其他社会的社会分化；社会分化的"世界历史"因素空前增加，单一社会的社会分化再也无法避免其所具有的"世界历史"因素。技术、分工、资本的国际化使得各种社会活动、社会关系、社会组织机构及社会制度发生急速变迁。不仅单一民族国家内部的各种社会关系由于"世界历史因素的影响"发生分化，而且从全球范围看，各个民族国家在相互作用和相互影响的同时，社会关系也会在国际层面上发生分化和重组。具有国际性质的经济组织机构不断涌现，从而对每一个单一民族国家的经济社会发展造成重大影响。而政治民主化浪潮的蔓延和主体性意识在全球范围的觉醒，进一步增强了单一民族国家内部社会分化的倾向和强度，从而使单一民族国家内部的政治和文化领域发生急剧动荡。这种动荡会打破政治和文化领域正常的分化强度和分化进程，严重者会导致社会解体。同时，由于不同民族国家社会关系和社会制度的不同，具有共同或相似社会关系和社会制度的民族国家会聚合在一起，从而和与之不同或不相似的一方形成相互对立的国际社会组织机构。单一民族国家内部社会关系的变革与发展由此受到这种国际组织机构的深度影响。总之，现代化进程中，这种国际范围内不同民族国家的社会经济、政治和文化关系的相互激荡，使单一民族国家的社会整体面临巨大社会风险。包括经济领域、政治领域和文化领域等社会基本领域的整个社会结构体系内部的不协调不适应的方面会因为国际因素的冲击不断凸显。各种矛盾和冲突也会因此暴露和加剧，社会秩序的稳定和社会发展会面临巨大挑战。有效应对这种风险和挑战已经成为现代化进程中每个民族国家尤其是后发现代化国家必须完成的时代课题。

（二）结构间断裂的风险

社会分化的另一个后果，就是社会分化会导致社会内部各子系统之间的断裂。传统社会总体上呈现的是一种以政治领域为中心的诸领域合一状态。但是随着技术和分工的发展、资本的扩张、政治民主化浪潮和主体性意识的觉醒，这种诸领域合一的状态被逐渐打破。各个领域的发展不再完全以政治领域为中心，各领域都在依靠自身的价值倾向和原则，按照自身发展的逻辑发展自身。比如，经济领域主要以追求效率为价值原则，实现经济效益最大化；而政治领域则主要以追求公平为价值原则，实现社会公平正义；文化领域则更倾向追求精神自由和发展，百花齐放、百家争鸣。这样，社会各领域就逐渐相对分离。就这一点而言，正如我们在引论中所提及的，贝尔曾给予了系统的分析和论述。这种分离固然有一定的合理性，各领域摆脱了政治领域绝对控制，可以更合理地实现自身发展。但任由经济领域追求效率，政治领域只追求公平正义，文化领域追求自由，社会各子领域间的纽带会断裂，社会整体会重新陷入困境。

社会内部结构之间的这种断裂究竟是如何发生的呢？对此，唯物史观告诉我们，生产力和生产关系、经济基础和上层建筑的矛盾运动推动社会不断向前发展。生产力决定生产关系，经济基础决定上层建筑，但同时生产关系对生产力、上层建筑对经济基础也有巨大反作用。在现代化进程中，随着技术的发展，旧有的生产关系即经济组织、经济制度和经济体制内部不断发生分化，经济领域的这种分化和变革必然会使上层建筑即政治组织、政治制度和政治体制内部发生相应的分化，而政治领域的分化和变革又会对经济领域产生巨大反作用，从而推动经济领域的变革和发展，这是社会发展的客观规律。然而，在现代化进程中，却经常出现生产关系变革不能适应生产力发展、上层建筑的变革不能适应经济基础变革的状况，这就使得经济领域、政治领域、文化领域发生断裂成为可能甚至是必然。一味追求生产力的发展而不顾其他，社会难免造成巨大的贫富差距；一味进行经济关系的调整和变革，不顾生产力以及政治和文化领域的发展状况，无论经济组织和经济制度如何创新，也只能是过于超前，过于莽撞；固守原有的政治组织、政治制度或体制，不主动适应经济领域的变革，政治结构就会变得不合时宜；思想文化领域的变革同样必须适应政治领域和经济领域变革的要求，否则就会显得过于激进或保守。

（三）结构内过度分离

社会各领域内部过度分离是现代化进程中社会分化的又一后果。在经济领域里，就产业结构而言，虽然工业分离出来并逐渐居于主导地位，但是现代化进程中许多国家和地区都出现了程度不同的产业结构失调问题，有的还相当严重。工业、农业、第三产业的比例失调，城乡发展不平衡，不但危及了经济发展，还会引发其他严重的社会问题。就生产关系而言，生产、分配、交换和消费在不同社会群体之间出现了严重分裂，掌握生产资料的群体，拥有生产、分配、交换和消费的主导权，不掌握生产资料的群体靠出卖劳动力度日。生产、分配、交换和消费等各环节之间也出现了过度的分离状况，经济发展的正常逻辑应该是生产和消费相协调，分配和交换作为生产和消费的中间环节，应该很好地适应生产和消费之间的协调和转换。但是，在现代化进程中，要么由于生产自身的盲目性，要么由于分配和交换环节不能有效发挥中介作用，要么因为消费主义的盛行，等等，使得生产、分配、交换和消费各环节之间难以很好地协调起来。这种经济关系的不协调，必然导致经济组织和经济制度内部的分离和不协调，不同产业以及不同性质的经济组织（国有、私有或公私合作）之间发展会出现严重失衡，经济制度内部失衡，经济制度、体制和实现机制之间不相适应，制度与体制不相适应，具体的实现机制不能有效运行。这些都是社会分化所导致的经济结构内部断裂的趋向和表现。

就政治领域而言，在现代化进程中，政治领域的分化一般会滞后于经济领域和文化领域，这不仅是因为经济领域分化对政治领域的影响需要经过一定的时间才能传导到政治领域，也因为政治领域分化最容易受到路径依赖的影响，在分化的速度上会表现得相对缓慢。但是，这种分化速度也是有底线的，这个底线就是政治系统必须能够在一定程度上及时有效地回应社会成员的利益表达诉求和政治参与需求，否则，政治系统自身就有解体的风险。而要守住这个底线，对利益表达诉求和政治参与需求的有效回应本身，就意味着政治结构本身要发生一定程度的分化，因此，政治领域的分化虽缓慢但又不可避免。实质上，正是这种必然性促进了政治领域的民主化和政治发展，无论是先发现代化国家还是后发现代化国家的政治发展进程都有力地证明了这一点。

但是，政治领域分化的缓慢和滞后性，并不能说明政治领域内部不会出现过度分离，某些政治功能的叠加或空场就是典型的例子。正是某些政治结构和功能的过度分离，才造成了政治功能的叠加或空场，从而导致功能上的混乱。而这种过度分离在现代化进程中似乎不可避免，尤其当我们不比较政治领域和经济领域分化的先后与快慢，而在相对较短的时间节点专注于政治领域的考察时，这种状况更加明显。传统政治结构尚未完全退出历史舞台，新的政治结构仍在逐步形成。不同类型的政治机构从原有政治系统内部逐步分化出来，即使是同一种类型的政治机构内部也产生了许多不同的次生机构，这种状况就有可能造成政治功能的叠加或空场。原有政治的混同结构往往使一个政治机构承担多种政治功能，当其中某一政治功能转移到新的政治机构时，原来承担这一政治功能的政治机构并没有随着这一政治功能转移而被立即撤销。相反，它会找到各种变通手段执行已经被转移的这一政治功能；一旦它这样做时，就与新的政治机构一同来履行这种功能，这时就出现了功能叠加。另一种情况是，当上述这种转移发生时，如果新的政治机构因为自身运行机制不畅或外部环境影响而无法有效承接这种功能转移，原有的政治机构随着这种转移而又无力发挥这种功能，或者机构本身不复存在，就会造成这种政治功能因为转移而空场。政治功能的叠加和空场，会造成分工不清、权责不明，很容易导致功能紊乱，滋生腐败。同时，还会导致相应的领域无法得到有效的调节，从而引发社会秩序紊乱。从更严格意义上来讲，这种导致政治功能叠加和空场的政治领域的分化，也是一种分化错位。这种分化并不意味着政治领域的结构和功能不再需要分化，只是某种单一的被分化出来的结构和功能太多了。

文化领域内部同样出现了过度分离倾向。现代化进程中，由于科学技术的发展，人对自然的认识和改造大踏步地前进，愚昧和迷信逐渐让位于科学与理性。同时，由于政治民主化和主体性意识的觉醒以及不同民族国家间文化的相互交流和激荡，单一民族国家内部的文化领域日益复杂化，传统社会具有强烈宗教色彩的专制主义文化强制性被逐步打破，这是历史的进步。但与此同时，文化领域也可能出现过度分离的状况。从时间维度看，文化领域同时存在传统文化、当代文化、代表未来发展方向的文化，三者具有一定的连续性。任何一种文化都不能排除其他两种而独立存在，如果打破了这种连续性，就会造成文化领域内部的过度分离甚至断裂。从空间维度看，随着现代化日益推进，"世界历史"因素的影响日益加深，各个国家文化方面的相互影响和渗透会使单一民族国家内部的文化领域存在国内文化和多种国外文化的矛盾和冲突。从文化的性质来看，意识形态文化与其他社会意识并存，在意识形态文化内部又存在占统治地位的意识形态和不占统治地位的意识形态，占统治地位的意识形态和不占统治地位的意识形态之间又存在一定的矛盾，甚至会发生激烈斗争。总体来讲，文化领域的分离需要维持一定的边界，这种边界应该保持文化秩序与文化自由之间的适度张力，越过了这个边界，就会走向文化专制或无秩序自由，从而造成彻底的断裂。

此外，如果我们把文化的功能分为提供精神动力和提供智力支持两种，进而按这两种功能把文化分为精神动力型文化和智力支持型文化两个层面的话，那么，我们从这个角度能够更进一步明晰现代化进程中文化分离的后果。

在传统社会中，由于政治功能的强制作用，文化兼有政治功能，无论是智力支持型文化或者是精神动力型文化的生产都是为专制王权服务的。进行精神生产的知识分子在专制王权的束缚下只能生产对农业生产生活和君主统治有用的知识，而智力支持型文化的生产主要不是在追寻客观世界的真理性知识，而是只关注解决农业社会的实际生产和生活问题。如果说精神动力型文化有所发展的话，也只是在政治束缚下探寻经国济世之学。因此，传统社会文化的这两个层面是黏合在一起的，而且在总体上是以政治功能的形式体现出来的。这就使得传统文化的精神动力型文化较之智力支持型文化具有更加重要的地位。但是随着传统社会向现代社会的演进，政治中心强制作用的削弱，文化领域逐步从对政治领域的束缚中摆脱，可以按照自身的逻辑发展，文化结构本身的这两个层次慢慢分离开来。智力支持型文化越来越注重追寻客观世界的真理性知识；精神动力型文化也可以比较自由地发展自身，追求崇高的人生理想。这种分离进而又会造成如下结果：在智力支持型文化层面，个体主体性意识的觉醒，自然科学和社会科学获得了快速发展，甚至自然科学和社会科学内部也分化出来许许多多各自的学科；而精神动力型文化由于政治替代功能的逐步削弱，与现实生活似乎越来越远，变得不像传统社会那么重要。对于某些只追求个人利益的个体而言，甚至很难感受到精神动力型文化的存在。这种状况会导致社会整体精神缺氧，最终影响社会的健康运行和发展。正如社会整体领域会出现有增长无发展现象一样，文化领域里由于精神动力型文化的发展受阻甚至缺失，同样会出现有增长无发展现象，增长的是单纯智力和逻辑知识，缺乏的是崇高理想支撑和高尚精神追求。

（四）主体原子化

传统社会的个人是同质性的个人，是依附于一定的共同体的。传统社会维持着一种人的依附关系，个人之间的联系也只是在氏族、家庭和村落等狭隘的地点和孤立的地方存在着。人与人之间的关系并不独立，人被牢牢地锁定在家庭和村落等血缘和地缘共同体中，个人缺乏独立性。"我们越往前追溯历史，个人，从而也是进行生产的个人，就越是表现为不独立，从属于一个较大的整体：最初还是十分自然地在家庭和扩大成为氏族的家庭中；后来是在由氏族间的冲突和融合而产生的各种形式的公社中。"① 随着技术的进步、分工的发展和

---

① 《马克思恩格斯文集》第8卷，人民出版社2009年版，第6页。

资本的扩张，社会分化加剧。技术、分工和资本的共同作用，使传统社会的共同体快速消解，个人逐步原子化。在技术、分工和资本的推动下，社会经济活动越来越活跃，经济关系越来越复杂，各种新型经济组织也不断分化出来并快速发展，这种经济状况必然催生新的经济制度、经济体制和经济运行机制。由技术进步、分工发展和资本扩张所导致的交换制度逐步确立，人与人之间的关系逐渐受到物质利益原则的支配，物质利益原则支配下的个人可以凭自己的意愿选择交换的具体地点和对象，新型经济组织的发展使人与人之间的联系在更广泛的范围内被建立起来，这就必然导致传统共同体及其对个人强制的消解。即使一些共同体仍然存在或新的共同体出现，但这些共同体不再像传统共同体那样对个人具有全能力量，个人可以自由地进出这些共同体，可见，现代化进程中作为社会主体的个人的原子化趋势是必然的。

主体原子化的根本原因固然是经济因素，在于市场经济所造成的普遍联系和物的依赖，更深刻地说，是经济领域的分化起了最根本作用。但是，这里同样不能忽视政治因素和文化因素对主体原子化的作用，政治民主化和主体性意识所直接推动的政治结构和文化结构的分化加速了个人原子化的进程。政治民主化及其直接所致的政治结构的分化，为经济领域分化释放了空间并直接确认了经济领域的发展成果，进一步推进了个人原子化。主体性意识及其直接所致的文化结构的分化，不仅推进了政治民主化并通过政治民主化作用于经济运行，而且直接提升了个人的能动性、创造性和自主性，加速了个人原子化。

反过来，主体原子化在更广泛范围内推进了普遍联系，扩展了人的需求体系和全面能力体系，促进了人的普遍交往。但是，这种全面的需求体系和普遍的交往即物的依赖关系对于个人而言，只是一种普遍和抽象的东西。"个人现在受抽象的统治，而他们以前是相互依赖的。"[1] 个人的能力发展越来越片面，物欲横流，人与人之间的感情日益淡薄，即便是婚姻关系，也呈现出前所未有的不稳定状态。这勾起了许多人对传统的回忆和眷恋，时常泛起"文化乡愁"，

---

[1] 《马克思恩格斯文集》第 8 卷，人民出版社 2009 年版，第 59 页。

从而必然会影响社会的稳定和凝聚力。

（五）资源环境危机

由技术、分工、资本、政治民主化、主体性意识觉醒等因素所推动的社会分化，在促进社会某种程度发展的同时，也造成了前述的各种社会问题。不仅如此，资源环境危机也是剧烈社会分化的产物，这一危机已经严重威胁到人类生存，如不有效加以克服，后果不堪设想。

人类的生存和发展离不开自然界。在传统社会，人对自然的认识和改造能力有限，人始终受自然必然性的统治，人是自然必然性的奴隶。随着人的主体性意识的觉醒和技术进步，人对自然的认识和改造能力逐步提升。但是，人类却过分陶醉于对自然界的有限胜利，往往导致不能对自然界保持应有的尊重。人类社会向前发展，资源环境危机却严重地呈现在人类面前。解决这些问题的前提是，必须弄清楚现代化进程中资源环境危机的根源究竟在哪里。

西方有些论者把资源环境危机的原因归结为生态伦理问题。他们认为，之所以会造成资源环境危机，主要是因为人们对待自然的观念和道德出了问题。只要改变了人们的这些观念和道德，确立了自然价值，建立一种正确的生态伦理观，资源环境危机会立刻消失。但现实情况是，这些生态伦理论者和道德改革论者的主张及实践并没有有效解决资源环境问题，相反，危机越来越严重。同时，还有一些论者把资源环境危机的根源归结为技术的进步。他们指出，正是技术的进步才使生态环境发生了不可逆恶化。技术的进步使人类认识和改造自然的能力与手段不断改进，资源被开发利用的范围和程度越来越大，大量不可循环利用的废物也被抛入自然中，资源环境危机因科技发展而不断加剧。生态道德改革论者和技术批判论者上述观点的合理之处在于，他们看到了人类的道德修养因素和技术因素对资源环境危机的影响；错误之处在于他们把这些因素当成了造成资源环境危机的决定性因素，没有认识到造成资源环境危机的根本原因其实是资本逻辑。

主体性因素和技术因素对资源环境会产生一定的影响，但它们并不必然造成资源环境危机。造成资源环境危机的决定性因素，如果说与主体性因素和技术因素直接关联的话，那只能是经济行为主体的贪婪本性和技术的资本主义利用方式，也就是说，正是资本和资本主义的生产方式造成了资源环境危机。资本自身无限增值的本性决定了资本对利润的无止境追求，资本本身是促进社会分化的关键因素，随着社会分化的加剧，资本对社会分化的影响也在加剧，即使是技术也不得不从属于资本，从属于资本主义的利用方式。社会分化越充分，资本发挥作用的条件越成熟，空间越大，资本所推动的社会分化对资源的利用和环境破坏程度也就越深，不改变资本主义生产方式，资源环境问题就不可能得到根本解决。

第三章　现代化进程中的社会整合

本章我们着重解决的问题是，现代化进程中为何要进行社会整合？社会整合是如何进行的？社会整合需要什么条件？不同现代化进程的社会整合又有什么不同？系统分析和总结这些问题，才能较为科学地把握现代化进程中社会整合的全貌。

一、现代化进程中社会整合的动因

现代化进程中的社会整合之所以发生，不仅有其一般动因，还有其特殊动因。经济关系、政治关系、文化关系调整的需要是其一般动因；而现代化进程中社会分化所创造的条件及分化造成的消极后果则是其特殊动因。

（一）现代化进程中社会整合的一般动因

第一，经济利益关系的调整需要社会整合。

追逐利益是人类社会发展的基础和动力，"人们为之奋斗的一切，都同他们的利益有关"①。由于利益可以根据不同的标准区分为不同的种类，比如个别利益、特殊利益、共同利益、一般利益；个人利益、群体利益、社会整体利益；局部利益、整体利益；经济利益、政治利益；物质利益、精神利益；长远利益、眼前利益；等等。由此也就可以相应地区分为不同的利益关系。在诸多利益关系中，最为重要的就是经济利益关系。"所谓利益关系，其实主要就是社会内部各利益群体、利益主体之间在生产资料和生活资料方面的利益分配关系。"② 经济利益关系决定其他社会领域的利益关系。"正如资产阶级和无产阶级之间的斗争一样，首先是为了经济利益而进行的，政治权力不过是用来实现经济利益的手段。"③经济利益关系调整的目的，就是要维护经济利益关系的均衡。又由于经济利益的决定作用，经济利益关系的均衡就会使其他社会领域的利益关系维持均衡。

"不论任何社会，都存在不同的利益个体和利益群体，不论任何社会，都存在具有一定利益差别和利益关系的社会利益体系，体现为一定的社会利益格局。"④在利益格局中会产生优势利益群体和弱势利益群体，虽然利益差别和利益冲突对社会历史发展会起推动作用，但如果不同利益主体的利益差距过大，使利益冲突超出一定的界限，就会产生利益动荡。

利益差别和利益冲突的形成是由多种因素造成的。社会成员的素质和能力差异是一个重要原因。素质和能力强的社会成员，会成为强势利益主体；素质和能力弱的社会成员，则会成为弱势利益主体。弱势利益主体会竭尽全力改变自己的弱势地位，强势利益主体则企图利用各种手段维护自己原来的位置，利益冲突甚至利益震荡这时就发生了。但是，社会成员的素质和能力差异，并不是利益差别和利益冲突形成的决定性因素，决定性因素是经济利益关系、经济制度和经济体系。在社会结构体系中，经济领域的各种关系、制度、体制决定

---

① 《马克思恩格斯全集》第 1 卷，人民出版社 1995 年版，第 187 页。
② 王伟光：《利益论》，人民出版社 2001 年版，第 224 页。
③ 《马克思恩格斯文集》第 4 卷，人民出版社 2009 年版，第 305 页。
④ 王伟光：《利益论》，人民出版社 2001 年版，第 207 页。

了不同社会成员在利益格局中的位置以及可能发生的利益冲突和利益震荡。为防止利益差别过大和利益震荡的发生，必须及时对经济利益关系进行调整。这样，经济利益关系的调整就成为社会整合的基础性需要。

第二，政治秩序的维持需要社会整合。

所谓社会秩序，是指社会关系的稳定性和约束性状态。人类社会的发展离不开一定的社会秩序，离开了社会秩序，人类的生存就没有了保障。自人类社会产生以来，人类要生存，就必须进行包括物质生产活动的各种现实活动，这就必然使人们之间产生包括物质生产交往的各种交往关系。但由于个人和群体之间的种种差异以及生产和生活资源的有限性，人们必然会为了生产和生活，竭力争取有限的生产和生活资源，从而导致人们交往活动的不一致，引发社会矛盾、冲突、动荡。这时就需要社会规范和社会制度对人们的活动进行约束，创造出人们之间的一致性，从而使社会关系呈现出一定的稳定性状态，社会秩序由此产生。

社会关系的这种稳定性和约束性状态，是依靠社会关系的规范化和制度化来维持的。经济交往关系的规范化和制度化维持经济秩序，政治交往关系的规范化和制度化维持政治秩序，文化交往关系的规范化和制度化维持文化秩序。就政治秩序而言，与经济秩序、文化秩序相比，政治秩序对于整个社会关系的稳定性和约束性更加重要，同时政治领域本身也几乎承担着整个社会秩序的生产功能，政治秩序的维持因而变得极为重要，继而产生社会整合需求。对于政治秩序的重要性，亨廷顿更是直言不讳地指出，"首要的问题不是自由，而是建立一个合法的公共秩序。人当然可以有秩序而无自由，但不能有自由而无秩序"①。当然，理想的做法是使自由和秩序之间保持适度的张力。

第三，先进文化的引领需要社会整合。

自脑力劳动和体力劳动分离以来，脑力劳动者的精神生产活动创造了大量

---

① 塞缪尔·P. 亨廷顿：《变化社会中的政治秩序》，王冠华等译，上海人民出版社 2008 年版，第 6 页。

的文化产品，为人类的活动提供精神动力和智力支持。文化是民族的血脉，人们的精神家园。社会经济关系和政治关系错综复杂，作为经济关系和政治关系反映的文化关系也必然丰富多样。文化领域里就会因此呈现代表不同经济关系和政治关系的文化。能够代表适应生产力发展的经济关系的文化属于先进文化，反之，则为落后文化。由于文化具有塑造社会成员的品性和影响社会成员行为的功能，先进文化和落后文化的矛盾会影响社会成员的行为准则，使同一社会成员行为发生矛盾或使不同社会成员行为上相互抵触，从而影响社会凝聚力，甚至引起各种矛盾和冲突。这种状况必然会引发对文化领域的整合需要。先进文化代表生产力的发展方向，能够更好地为社会成员提供精神动力和智力支持。因此，用先进文化提供的价值观念增进社会共识、增强绝大多数社会成员的文化认同感，进而塑造社会成员的品性、规范人的行为、引领社会风尚、提升社会凝聚力，便成为文化领域整合的必然选择。

（二）现代化进程中社会整合的特殊动因

一方面，从逻辑上来讲，社会分化与社会整合是对立统一的，二者相互依存、相互联结、相互转化。没有社会分化也就无所谓社会整合，没有社会整合也就无所谓社会分化，二者都以对方的存在为前提。社会分化产生整合需要，社会整合由此发生；社会出现新的分化，新的社会分化又催生新的社会整合。在现实的社会历史发展进程中，社会分化与社会整合在很大程度上也是共存的。而且，人类社会从产生之日起，就开始了自身的分化进程。在此过程中，社会整合一直是与社会分化相伴随的，正是有了社会分化才使社会整合得以发生。另一方面，具体考察现代化这个特定的社会发展阶段，我们会发现，现代化进程中的社会整合得以发生还有其特殊动因。

社会分化不仅为社会整合创造了逻辑前提，现代化进程中的社会分化还为社会整合创造了现实条件。首先，传统社会向现代社会的演进中，社会分化本身就使社会产生了一种新的有机联结方式。传统社会是一种人的依赖关系，社会成员的同质性强，具有共同的集体意识。人自身被专制统治、宗法关系强制固定在特定的身份、等级关系中，绝大多数人以农业为主、自给自足，商品交换即使有所发展，也多是以使用价值为目的。人与人之间联系的广度和深度被限制在很低的水平上，个人之间除身份、等级差异外，没有其他不同。随着商品交换向以交换价值为目的转化以及工业技术的发展，传统产业结构的逐渐分化，社会成员被分配到不同产业部门和经济的不同环节，个人由此成为功能上局部的、片面的个体。这些经济功能局部、片面、异质的个体要想满足自身需求必须借助市场交换，由此社会个体之间的经济依赖关系就在社会这种分化进程中建立起来。与传统社会不同，这是一种新的功能性有机联结方式。其次，传统社会向现代社会的演进中，社会分化还为社会整合创造了新的主体条件和客体条件。这里的主体条件，不仅包括社会整合主体，还包括其他社会主体。这里的社会客体条件，就是指社会整合的客体即社会结构体系。原始社会时期社会分化程度非常低，生产力落后，人们靠采集和渔猎为生，阶级还没有出现，文化极不发达，社会结构体系的这种状况决定了社会主体在整体上还处于蒙昧状态。即使作为社会整合主体的部落首领和氏族长老的综合素质也是很有限的，因为任何人都无法逃离当时历史发展阶段的限制。人们进入阶级社会后，社会分化为经济、政治、文化等不同领域，随着农业成为主导产业，生产力的发展逐步满足了人的物质需求，进而使人对社会秩序稳定需求和精神需求满足的追求具有现实可能性，政治和文化领域随之不断发展。这样的社会结构体系不仅促进了社会主体即人的进一步发展，还产生了奴隶主阶级、地主阶级、领主阶级等社会整合主体。社会分化的进一步加剧，使产业结构由以农业为主导向以工业为主导转化，自然经济向市场经济转化，专制向民主转化，人治向法治转化，愚昧向科学转化。社会结构体系的这种整体分化，创造了新的社会主体即综合素质进一步提高的现实的人，同时也催生了新的社会整合主体即资产阶级政党和无产阶级政党。

　　社会分化会导致社会断裂、引发社会冲突、危及社会秩序，从而直接促使社会整合的发生。现代化进程中社会分化虽然可以为社会整合创造各种现实条件，但社会分化同样会引发社会冲突。生产力的发展，加速了传统社会结构体系的分化，政治领域的中心限定作用逐步减弱，经济领域、政治领域、文化领域可以依据自身的逻辑定位及内部规律发展自身。经济领域的工业化和市场化、政治领域的民主化、文化领域的多元化，推动社会以前所未有的速度向前发展。但是，同样是由于生产力的发展，传统产业结构的分化和市场经济的逐步兴起，社会成员作为经济主体被市场配置到不同的产业和各个经济环节了。由于不同产业和不同经济环节的获利能力不同，作为经济领域自主的个体，社会成员的收益由此出现明显差异。当这种差异扩大到一定程度时，收益低的社会成员心理就会出现失衡。经济主体之间的竞争，也会危及弱势主体的生存，从而导致社会矛盾、引发社会冲突。

同时，现代化进程也是一个政治民主化、文化多元化、个体主体性意识不断增强的过程。政治民主化会使政治系统面临政治参与日益扩大的压力；文化多元化和个体性主体性意识的增强，则会使文化领域面临过度分化的危险，从而形成文化的集体认同压力。当政治系统缺乏适应性并无法有效处理这种状况时，就会使社会产生断裂，危及社会秩序，进而导致现代化进程的中断。关于这一点，艾森斯塔德在《现代化：抗拒与变迁》一书中给予了充分重视。他根据动员的范围把现代化进程分为两个阶段。第一阶段是指 18 世纪末和 19 世纪初在欧洲（尤其是在西欧和美国，也包括少数拉丁美洲和亚洲国家）所形成的发展阶段。[①]"这个阶段的最重要特征是：各种新型组织规模较小；许多较为专门的目标——取向组织的发展；当时尚很有限的市场和在主要制度领域里供资源自由流通的市场的发展；以及'公共的'即代表、社区的或专业的调节和分配安排占有相对的优势。"[②] 在这个阶段，由于经济领域的发育程度有限，社会成员的政治参与诉求也很有限，传统的文化认同仍然起重要作用。但是随着现

---

① ［以］S.N.艾森斯塔德：《现代化：抗拒与变迁》，中国人民大学出版社 1988 年版，第 59 页。
② ［以］S.N.艾森斯塔德：《现代化：抗拒与变迁》，中国人民大学出版社 1988 年版，第 59—60 页。

代化进程的发展，会逐渐进入第二个阶段。这个阶段的特征是，"其一，大规模的和多种目标的、专门化的（非生态的和非血缘的）群体和组织兴起；其二，在社会制度的领域中，各种内部市场不断扩展和相互介入；其三，都市化的不断发展和扩大，以及大众传播媒介的日益普及"①。在这个阶段，由于经济领域的不断发展，社会成员的政治参与诉求不断扩大和增强，进而对政治系统形成持续有力的冲击。文化领域也会因"传统的先赋型认同"②向"世俗的、分化的公民与民族型认同"③的加速转变而产生文化集体认同压力甚至危机。如果不对此进行有效整合，就会为社会秩序稳定埋下隐患。如果说社会整合从一开始就是必要的，那么，此时，社会整合不仅必要而且极为迫切。在这一阶段，像当时法国那种政治系统缺乏适应性的国家，发生了大革命，造成了严重的社会秩序问题；而像英国那种政治系统适应性比较好的国家，同样发生了光荣革命，引发了社会秩序的动荡。

二、现代化进程中社会整合的机制

总体来讲，社会整合正是通过历史合力形成和实现的，因为历史合力内含了社会整合的主体、客体、目的、手段等各种要素，继而构造了社会整合的总体图式。社会整合机制在一定程度上可以看作社会整合主体基于一定的目的、利用一定的手段、作用于社会客体的过程和机理。现代化进程中的历史合力则内含了不同于其他社会历史发展阶段社会整合的主体、客体、目的和手段等要素。切实把握历史合力，立足于现代化进程中社会整合的主体、客体、目的和手段等要素的相互关系，进而深入研究和分析这些要素，就能够从总体上准确把握现代化进程中的社会整合机制。

---

① ［以］S.N.艾森斯塔德：《现代化：抗拒与变迁》，中国人民大学出版社1988年版，第61页。
② ［以］S.N.艾森斯塔德：《现代化：抗拒与变迁》，中国人民大学出版社1988年版，第60页。
③ ［以］S.N.艾森斯塔德：《现代化：抗拒与变迁》，中国人民大学出版社1988年版，第60页。

（一）现代化进程中社会整合的总体图式

历史合力思想是恩格斯晚年提出的留给我们的宝贵思想财富。深入分析恩格斯历史合力思想，我们会发现，总体来说，社会整合正是通过历史合力来形成和实现的。换言之，历史合力构造了社会整合的总体图式。之所以这样说，是因为恩格斯的历史合力思想内含了对社会整合的主体、客体、目的、手段等各种要素及其相互作用机制的深刻诠释。

历史主体（包括社会整合主体以及其他历史主体）是在一定的社会关系中从事实践活动的现实的人，历史不过是追求自己目的的人的活动而已。与自然界的发展变化表现为那些无意识的、盲目的动力的相互作用不同，社会历史领域内进行活动的是有意识、有目的的现实的人。历史是有意识、有目的现实的人的实践活动的产物。"历史是这样创造的：最终的结果总是从许多单个的意志的相互冲突中产生出来的，而其中每一个意志，又是由于许多特殊的生活条件，才成为它所成为的那样。这样就有无数互相交错的力量，有无数个力的平行四边形，由此就产生出一个合力，即历史结果，而这个结果又可以看做一个作为整体的、不自觉地和不自主地起着作用的力量的产物。因为任何一个人的愿望都会受到任何另一个人的妨碍，而最后出现的结果就是谁都没有希望过的事物。所以到目前为止的历史总是像一种自然过程一样地进行，而且实质上也是服从于同一运动规律的。"[①] 这里恩格斯明确阐述了其历史合力思想，认为是单个人意志的相互冲突形成的合力产生了历史。"无论历史的结局如何，人们总是通过每一个人追求他自己的、自觉预期的目的来创造他们的历史，而这许多按不同方向活动的愿望及其对外部世界的各种各样作用的合力，就是历史。"[②] 在这个合力中，每个人的意志都对合力有贡献，都是包含在合力里面的。只不过有的贡献大，有的贡献小；有的起阻碍作用，有的起推动作用。同

---

① 《马克思恩格斯文集》第 10 卷，人民出版社 2009 年版，第 592 页。
② 《马克思恩格斯文集》第 4 卷，人民出版社 2009 年版，第 302 页。

时恩格斯还认为，人民群众才是历史的真正创造者，是历史发展的决定性力量。这样，恩格斯不仅阐明了现实的人是历史的主体，实际上还区分了不同历史主体及其不同作用。

但是，这里必须指出的是，恩格斯的历史合力思想虽然强调历史主体对历史的创造作用，特别是非常强调人民群众的创造作用，但恩格斯始终没有忽视历史客体及其发展规律的客观性，并且一直是以此为前提的。"我们是在十分确定的前提和条件下创造的。其中经济的前提和条件归根到底是决定性的。但是政治等的前提和条件，甚至那些萦回于人们头脑中的传统，也起着一定的作用。"①换言之，恩格斯历史合力中的历史主体，始终是受着具有自身发展规律的历史客体的限定的。正如恩格斯所说，其中每一个意志，又是由于"许多特殊的生活条件"，才成为它所成为的那样。现实的个人不仅由于"许多特殊的生活条件"即他所遭遇的社会（历史）客体的曾经状况，才成为他自身，才具有不同于别人的意志；而且还必须从他所面对的社会客体的现实状况出发，并依据社会客体发展的客观规律即生产力决定生产关系、经济基础决定上层建筑的规律创造历史。这也构成了历史主体发挥自身作用的范围和空间。构成社会（历史）的因素及其相互关系是十分复杂的，历史主体要想很好地发挥自身作用，必须对此精准把握。正如恩格斯指出的，"历史过程中的决定性因素归根到底是现实生活的生产和再生产。……经济状况是基础，但是对历史斗争的进程发生影响并且在许多情况下主要是决定着这一斗争的形式的，还有上层建筑的各种因素：阶级斗争的政治形式及其成果——由胜利了的阶级在获胜以后确立的宪法等等，各种法的形式以及所有这些实际斗争在参加者头脑中的反映，政治的、法律的和哲学的理论，宗教观点以及它们向教义体系的进一步发展。这里表现出这一切因素间的相互作用，而在这种相互作用中归根到底是经济运动作为必然的东西通过无穷无尽的偶然事件……向前发展"②。他还指出"政治、

---

① 《马克思恩格斯文集》第 10 卷，人民出版社 2009 年版，第 592 页。

② 《马克思恩格斯文集》第 10 卷，人民出版社 2009 年版，第 592 页。

法、哲学、宗教、文学、艺术等的发展是以经济发展为基础的。但是，它们又都互相作用并对经济基础发生作用。并非只有经济状况才是原因，才是积极的，其余一切都不过是消极的结果"①。在这里，就社会客体领域及其构成因素而言，恩格斯不仅肯定了经济因素"归根到底"意义上的决定作用，还明确了上层建筑的巨大反作用以及上层建筑中各种因素的相互作用。从社会整合的角度说，这也是对社会整合客体及社会整合手段的系统阐发。

社会历史发展就是历史主体与历史客体相互影响、相互作用的历史进程。在这个历史进程中，社会主体只有在社会客体条件所规定的可能性空间范围内遵循社会发展客观规律进行主体活动和选择，才会达到主体活动的目的。诚然，每个人在一定程度上都是自觉的、自主的，"劳动过程结束时得到的结果，在这个过程开始时就已经在劳动者的表象中存在着，即已经观念地存在着"②。每个人都凭自己的意志有意识地追求自身各种不同需要的满足，但是每个人又都不得不以他人为中介才能实现这种追求。也就是说，每个人必须借助一定的社会形式实现自己的愿望。但是由于生产力发展水平、分工和私有制等社会客体条件的限制，每个人的意志和愿望又很难一致。这些具有不同意志的个人的相互冲突，就使历史过程在整体上表现出非自觉和非自主的状态，从而使个人受偶然性支配。人类历史的最终目的，就是要使个人摆脱受偶然性支配的状况，摆脱这种非自觉和非自主的状态，这与社会整合的目的是一致的。从根本上说，社会整合正是通过历史合力的作用，使人逐步脱离非自主活动的状态，实现人的自主活动与自由全面发展。

（二）现代化进程中社会整合的要素分析

第一，现代化进程中社会整合的主体。

---

① 《马克思恩格斯文集》第10卷，人民出版社2009年版，第668页。
② 《马克思恩格斯文集》第5卷，人民出版社2009年版，第208页。

当我们谈论社会主体与社会客体的关系时，就已经把人与社会当作相互对应的范畴来看待。这里所说的人是指生存于一定的社会结构体系中的现实的人；这里所说的社会是指人赖以生存其中的一定的社会结构体系，包括经济、政治、文化等基本领域。人作为社会主体，社会结构体系作为社会客体，二者相互联结存在。① 既然社会主体是现实的人（包括个人及其组织），那么社会整合主体毫无疑问也是现实的人。但社会整合主体不是一般的社会主体，而是指掌握充足社会资源具有强大社会整合能力的社会主体，他们是统治阶级的集中代表及其统治集团。

传统社会的社会整合主体是奴隶主阶级和地主、领主阶级的集中代表（如王、皇帝、国王）及其统治集团。早期的传统社会处于青铜器或铁器时代。由于生产力水平低下，剩余产品极其有限，暴力对剩余产品的获取具有不可替代的作用。因此，无论是中国、印度、埃及，还是古希腊、罗马和巴比伦，社会整合的主体都是代表奴隶主阶级的君主及其统治集团。区别仅仅在于前者一般采取的是奴隶主国家占有土地和奴隶的制度，多是王权专制；后者多采取的是土地和奴隶的私人占有制度，曾存在民主政体。之所以出现这种区别，不是因为生产力性质和总体发展水平有什么不同，而是产业结构的差异造成的，"当时的中国、埃及和印度，生产力的产业结构中明显地以农业为主要生产部门，手工业和商业不够发达；而在古希腊、罗马以及巴比伦，手工业和商业在社会经济中占有十分重要的地位，商品生产和交换关系的发展相当广泛"② 。这就使后者利于私人占有形式和民主政体的产生。但无论是国家占有还是私人占有，都是奴隶主阶级的占有。即使存在民主政体，也不过是奴隶主阶级的民主，奴隶和土地一样只是奴隶主阶级的财产，奴隶主阶级运用作为暴力的国家及其宗教伦理意识形态牢牢地控制脚下的土地和奴隶。这种状况下，除奴隶主国家的政治及神学宗教组织外，任何其他社会组织都难以生存。

---

① 贾高建：《社会发展理论与社会发展战略》，中共中央党校出版社 2005 年版，第 90 页。
② 贾高建：《当代社会形态问题导论》，中共中央党校出版社 1994 年版，第 116 页。

　　随着生产力的发展，铁器作为主要生产工具的采用，人类进入了封建社会。代表地主阶级的君主及其统治集团随之成为社会整合的主体。与奴隶社会相似，虽然中国封建社会采取的是封建地主所有制以及中央集权，而西方采取的是庄园领主制和宗法神权等级制，但正如中国农民受地主阶级的统治一样，西方的农奴也受封建领主的控制和剥削。由于农业仍是主导产业，手工业和商业尚不发达，土地作为主要生产资料被地主或领主占有，除封建政治国家及其思想文化组织外，其他社会组织的出现或发展也比较困难，即使出现些许经济组织或中介团体，其发展要么受到严格限制，要么成为阶级统治的工具。

　　现代化进程中的社会整合主体仍然是统治阶级的集中代表（一般表现为政党）。但与传统社会的区别在于，随着生产力的发展，社会结构体系的日益分化，经济活动的自主性增强，特别是市场经济体制的逐步确立，经济组织在社会整合中的作用更加突出，社会逐渐向有机团结过渡。一方面，社会结构体系的分化使政治领域对社会各领域的强制整合功能弱化，进而使社会各领域依照自身的功能定位发挥作用。另一方面，社会各领域内部的分化使各个领域出现了许多自身的组织，比如经济领域的企业、公司、行会和协会等；政治领域的政党、政府、立法组织、司法组织、行政组织等；文化领域的各类教育组织、宣传组织、交流协会团体等。这些组织的出现和发展增强了社会整合的有机性。但无论社会结构体系如何分化，阶级社会里社会整合的主体依然是统治阶级的集中代表，统治阶级的集中代表在社会各领域都发挥重要作用。只不过从功能角度而言，经济领域的作用更加突出。从现代化进程中社会整合主体的类型看，大致分为两种：一种是资产阶级的集中代表即资产阶级政党，另一种是无产阶级的集中代表即无产阶级政党。部分地区（比如非洲）的社会整合主体虽然仍具有强烈的部族性质，但这些地区的发展实际上已经被纳入现代化进程，深受"世界历史"因素的影响。这使这些地区的社会整合主体要么深受资产阶级政党影响，从而具有资产阶级性质；要么深受无产阶级政党影响，从而具有无产阶级性质。

　　第二，现代化进程中社会整合的客体。

　　社会整合客体就是社会客体即社会结构体系，它包括经济、政治、文化等基本领域。社会整合就是要协调社会各领域之间的关系，使各领域按照自身在社会结构体系中的逻辑定位发挥应有的功能，使之功能耦合，实现各领域之间的稳定和协调发展，进而实现人的自由全面发展。在特定的社会历史阶段，社会整合的客体即社会结构体系有其特定的规定性，从而使社会整合客体在不同的历史阶段呈现出不同的特征。既然如此，那么现代化进程中即传统社会向现代社会转变的过程中，社会结构体系的特征主要体现在：

　　经济领域里，产业结构方面，虽然工业比重逐渐增加而农业比重不断下降，但工业仍未占据绝对主导地位。就城乡结构而言，城市人口逐渐增加，农村人口逐渐减少，但乡村人口仍占较大比重。曾有学者把工业产值在工农业产值结构中的比重达到七成作为实现工业化的标准。实际上，虽然产业结构状况基本能反映工业化水平，但是仅有此标准还是不够的。比如中国自20世纪70年代以来就达到了这个标准，但我们却不能说已经实现工业化，因为从那时起很长时间内中国传统农业就业的劳动力总量占全社会总劳动力的比重仍然高达八成以上。也就是说，与城市人口相比，农村人口仍占很大比重，中国的城市化水平还是很低的。因此，城市化水平也应该作为工业化是否实现的重要标准。现代化进程中经济关系越来越复杂，经济活动愈加频繁，经济组织增加，商品交换越来越发达，市场经济体制逐步确立。但是由于产权制度等因素的影响，市场机制并不能完全有效发挥对资源配置的决定性作用。

　　政治领域里，民主和法治因素逐渐增加，专制和人治因素日益减少。权力制衡结构逐渐形成并发挥功能，但其功能发挥并不充分；政治参与的机制和渠道逐渐建立，但仍不完善。在传统社会向现代社会转变过程中，经济领域工业化和市场化，要求经济运行必须逐步遵循自由、平等和法治原则。经济领域的这种变化必然作用于政治上层建筑领域，使得政治领域的专制和人治逐步减弱，民主和法治因素日益增强。这就进一步促使政治结构及其功能的逐步分化，形成权力制衡结构。但是，专制和人治因素的完全消失是需要一个过渡阶段的，其间权力制衡功能的完全有效发挥是难以做到的。同时，经济领域的变化，同样促进了社会主体的政治参与需要和热情。为了适应和迎合这种需要和热情，政治参与机制逐渐建立，但由于专制和人治因素的影响，政治参与的机制仍不健全，参与渠道有待拓宽。

文化领域里，科学和理性逐渐兴起，但愚昧和迷信仍然严重。在传统社会向现代社会转变的过程中，一方面，经济领域交换的平等和自由原则会作用到思想上层建筑领域；另一方面，主体性意识的逐渐觉醒同样会增强个人的自主性、能动性和创造性，再加上教育文化事业的逐步发展，所有这些因素会使人们更加崇尚自由、科学和理性。但与政治领域一样，文化领域要彻底战胜愚昧和迷信仍需要一个过程，这不仅是由于历史的惯性，也因为文化发展同样需要强大的经济支撑。

就社会整体结构而言，政治领域的中心限定作用虽然逐渐减弱，但并没有达到完全消失的程度。传统社会呈现的是一种以政治领域为中心的诸领域合一状态，随着生产力的发展，社会逐步工业化、市场化、民主化和科学化，政治领域对社会其他领域的中心限定作用便逐渐减弱。但是，由于政治领域的专制和人治因素仍然没有完全消除、政治民主化尚未完全实现，政治领域的中心限定作用也就不可能全部消失。

这里需要指出的是，在某些社会的现实发展状态中，即使单个领域的发展状况明显优于其他领域，比如经济领域基本实现工业化或政治领域基本实现民主化，但这种社会结构体系仍然是现代化进程中的社会整合客体，换言之，这种社会仍不是完全意义上的现代社会。之所以这样说，是因为一方面社会基本领域没有全部实现现代化，而仅仅是个别领域实现了现代化；另一方面，由于社会发展规律的作用，如果其他领域的发展严重滞后，即便发展状况明显占优的单个领域的发展也很有可能被拉回到以前的状态。

第三，现代化进程中社会整合的目的。

现代化进程中社会整合的目的是要促进社会结构体系的平稳、协调、高效、可持续发展，促进社会结构体系的不断生长和进步，实现社会结构体系的现代化，进而提高人的综合素质和改善人的现实生活状态。在这里不断提高人的综合素质和改善人的现实生活状态是社会整合的最终目的，促进社会结构体系的平稳、协调、高效、可持续发展则是社会整合的直接目的。从根本意义上说，直接目的对于最终目的而言只具有手段意义。

现代化进程中社会整合直接目的中的所谓协调，就是要使构成社会结构体系的经济、政治、文化等基本领域能够按照自身在社会结构体系中的逻辑定位协调发展。唯物史观告诉我们，社会结构体系中各基本层次和领域之间是相互联系和相互制约的。经济领域在社会结构体系中处于最基本地位，生产力决定生产关系，进而决定整个社会结构体系状况，生产关系作为经济基础决定政治和思想上层建筑；同时，生产关系对于生产力、上层建筑对于经济基础具有能动的反作用。经济、政治、文化等基本领域在社会结构体系中的这种逻辑定位，决定了社会发展必须做到这些基本领域之间的全面协调，忽视任何一个领域的发展，都有可能造成严重的失误和偏差。所谓平稳，就是防止现代化进程中社会矛盾的过度激化，避免激烈的社会冲突和震荡。[①] 由于不同的国家和地区选择的发展方式不同，保证社会在发展过程中平稳运行对于社会整合的要求也就不同。社会发展方式可以区分为"激进式发展和渐进式发展""常规式发展和跨越式发展"[②]。如果选择激进式发展，就比较容易发生激烈的社会冲突和震荡，对社会整合的要求相对较高，社会整合难度相对较大；反之，如果选择渐进式发展，由于渐进式发展是"将一定阶段上的社会发展任务分配在一个较长的时期里分期分批地逐步完成，把比较复杂的问题一层层分离开来由易到难地逐步解决，发展步骤和环节的设计比较细致和具体"，[③] 因此发生激烈社会冲突和震荡的可能性比较小，社会平稳运行对社会整合的要求相对较低。此外，还应该注意跨越式发展对于社会平稳运行的影响。跨越式发展，就是落后国家和地区学习与借鉴先进国家和地区的社会发展成果，从而跳过常规发展过程中的某些中间环节，直接达到一种较高的发展水平。选择这种发展方式虽然利于

---

① 贾高建：《社会发展理论与社会发展战略》，中共中央党校出版社 2005 年版，第 187 页。

② 贾高建：《社会发展理论与社会发展战略》，中共中央党校出版社 2005 年版，第 187—190 页。

③ 贾高建：《社会发展理论与社会发展战略》，中共中央党校出版社 2005 年版，第 187 页。

社会快速高效发展，但是容易导致某种脱节和失衡，从而更容易引发社会冲突和震荡。① 但需要注意的是，在现代化进程中，即使选择了渐进式和常规式发展，也未必一定能够避免社会冲突和震荡，其原因是这段时期"社会运行处于序间状态"②。一定时期的社会运行状态取决于社会结构体系本身的状况。现代化进程是传统社会向现代社会的演变进程，是传统社会结构体系逐步衰亡、现代社会结构体系逐步孕育生长并最终取代传统社会结构体系的过程。传统社会结构体系和现代社会结构体系的某些因素共存于现代化进程中，旧的社会结构体系逐步被打破，而新的社会结构体系尚未完全生成，这就使社会运行处于一种序间状态，呈现出弱防护性、非规范性、不确定性等特征。在这种序间状态下，一些社会问题容易凸显出来，如果不能及时予以妥善处理，就会逐步恶化，从而引起社会冲突和震荡。所谓高效，就是指社会发展的高效率和高效益，社会发展不仅应该具有一定的速度，还需要减少发展成本和代价。现代化进程是一个你追我赶的过程，发展速度过慢，就会远远被甩在后面，实现现代化将变得遥不可及，所以应该注意加快发展的速度。同时，社会发展是必然要付出成本和代价的，如何在实现现代化进程中减少社会发展所付出的成本和代价，也是至关重要的。所谓可持续，就是要着眼未来，把社会的短期发展与长期发展统一起来，不能只顾眼前发展而忽视长远发展，特别是应该重视资源环境对社会发展的制约和限制。

作为社会整合客体的社会结构体系的不断发展进步，是为作为社会主体的人的发展创造条件的。经济领域所创造的物质财富，政治领域所提供的稳定社会秩序和公平正义，文化领域所提供的精神动力和智力支持，为人的综合素质的提高和生活状态的改善提供了必不可少的条件。离开这些条件，人的综合素质的不断提升和现实生活状态的不断改善，就只能是空谈。通过社会整合所推动的社会结构体系不断发展的过程，也是作为社会主体的人在处理人与

---

① 贾高建：《社会发展理论与社会发展战略》，中共中央党校出版社 2005 年版，第 189 页。

② 贾高建：《社会发展理论与社会发展战略》，中共中央党校出版社 2005 年版，第 87 页。

自然的关系、人与人的关系以及人与自身的关系方面的综合素质不断提升和现实活动状态不断改善的过程。在这个过程中，人不断地满足自身需求，不断地提升自身能力、知识水平、思想道德水平和精神境界，从而不断地发展自身，向现代化进程中社会整合的最终目的迈进。

第四，现代化进程中社会整合的手段。

所谓社会整合手段，是指社会整合主体为达到社会整合目的所采取的作用于社会整合客体的方式和方法。可以依据社会整合手段由以产生的社会基本领域的不同，把社会整合手段分为经济手段、政治手段和文化手段。

现代化进程中社会整合的经济手段主要是分工以及"市场"这只看不见的手。社会分工固然促进了社会分化，但与此同时，分工也促进了人们之间的经济联系，形成了一种自发的经济秩序。现代化进程中，分工所导致的生产的高度专业化，使任何人都无法依靠个人的能力来满足自身的需求，人们之间相互进行交换的倾向和需求空前增加。生产的专业化使传统社会下生产的同质性被打破，人人都有自己的活动范围，不同的人生产不同的产品，同时也消费他人生产的产品，再也无法自给自足。个人之间的相互依赖性日益增强，个人之间的经济联系越发紧密，从而促进了自发经济秩序的形成。不仅如此，个人经济关系的相互依赖还导致人们产生了一种相互依赖的意识，从而增强了社会凝聚力，进一步稳定了社会秩序。对此，迪尔凯姆甚至认为，"社会的凝聚性是完全依靠，或至少主要依靠劳动分工来维持的，社会构成的本质特征也是由分工决定的"，[①] 可见分工对于社会整合的重要性。劳动分工发挥这种社会整合功能的过程始终伴随着商品经济向市场经济的转换，没有市场经济的形成和发展，是无法形成这种功能上的相互依赖关系进而达到社会整合的。

社会整合的政治手段主要包括立法手段、行政手段和司法手段。人们在实践活动中形成了包括经济关系、政治关系和文化关系等的复杂社会关系。不对

---

① ［法］埃米尔·迪尔凯姆：《社会分工论》，渠敬东译，生活·读书·新知三联书店 2000 年版，第 26 页。

这些社会关系进行认定和规范，人们的行为就会失去边界，各种冲突和矛盾就会增多，继而社会秩序就会混乱。在传统社会里，人们对社会关系的规范和调整还停留在经验的层面，规范和调整手段主要是靠道德和习俗，但随着传统社会结构体系分化、社会关系复杂性增强、实践活动的发展以及人类理性的进步，对社会关系的认定和规范逐渐由主要依靠道德和习俗转变为主要依靠法律来进行。以《中华人民共和国宪法》（以下简称《宪法》）为核心的法律体系，借助国家权威，认定和规范各种社会关系，形塑人的活动方式和行为选择边界，从而预防社会冲突，形成并维系稳定的社会秩序，保证社会的正常运行。

对于法律之于社会秩序的重要性，亚里士多德甚至认为"法律就是某种秩序；普遍良好的秩序基于普遍遵守的法律习惯"①。没有法律作为社会整合的主要手段，稳定的社会秩序的形成是难以想象的。不仅如此，法律对于社会整合的意义还体现在，法律可以凭借对社会关系的认定、调整和规范功能，依据社会各领域的逻辑定位、各个领域内部关系及其运行规律，认定、调整和规范各种社会关系，使社会各领域之间的关系相互协调、各领域自身内部关系清晰顺畅，从而促进社会发展。由于社会关系是不断变化的，尤其是在传统社会向现代社会转变的过程中，社会关系会更加复杂，变化也更加剧烈，作为社会关系基本性质规定和基本建构原则体现的法律也一定是在不断变革和创新中的。现代化进程中，公共权力围绕对法律的制定、执行、监督和实施，形成了立法权力、行政权力和司法权力三种不同的权力。这三种不同权力的运行也就构成了三种不同的社会整合的政治手段。

所谓社会整合的立法手段，就是公共权力通过制定、修改、废止法律规范来调整社会关系的方式和方法。立法手段的主要功能是基于统治阶级全体成员或全体社会成员的利益，集中他们的意志，形成共同利益观和共同意志。同时，还通过对行政和司法权力运行的监督来保证共同利益和共同意志的实现。所谓行政手段，就是公共权力通过法律的执行来规范和调整社会关系的方式和

---

① ［古希腊］亚里士多德：《政治学》，吴寿彭译，商务印书馆 1965 年版，第 353—354 页。

方法。行政手段的主要功能是执行统治阶级全体成员或全体社会成员的共同利益和意志要求，其有效途径是通过执行法律和管理社会行政事务来实现。所谓司法手段，就是指公共权力通过法律的实施和监督以规范和调整社会关系的方式和方法。司法手段的主要功能是维护统治阶级全体成员或全体社会成员的共同利益和意志要求，其有效途径是通过法律的实施和监督进行。但是司法权是被动性的，司法手段的实施和运用通常遵循"不告不理"原则。一般认为，"案件和争议"是司法存在的前提，司法手段也只能基于案件和争议而实施。①

需要强调指出的是，在人类现代化进程中，产生了两种不同性质的立法权、行政权、司法权体系，一个是资本主义社会的三权分立体系，一个是社会主义社会的议行合一体系。在资本主义社会中，公共权力本质上是资产阶级的政治权力，资本家个体所有制使资产阶级内部的各派别和集团之间利益对立，从而使三权分立和相互制衡变得必要。而在社会主义社会中，立法权能够集中和表达广大人民群众的利益和意志，行政权和司法权不过是贯彻和执行广大人民群众意志的手段，从而形成了议行合一的体制。在社会整合中，对立法手段、行政手段、司法手段在性质上有一个总体的把握是十分必要的。

此外，就三种社会整合的政治手段比较而言，行政手段往往表现得更加积极主动。尤其是在政治主导型社会整合模式中或出现大危机的情况下，行政手段就更为积极主动。在后发现代化的启动阶段，几乎都是如此，即使美国也不例外。美国在大萧条时期，自由放任的价值原则日渐衰微，行政权力日益扩张。正如罗斯福在 1932 年 9 月 23 日竞选演讲时所指出的，"这一切都要求重新核定原有的价值观念"，一旦公共利益受到利益集团侵害，"政府也必须迅速出面来保护公众的利益"②。但是，无论在哪种情况下，行政权力都必须受到立法权力和司法权力的监督和制约。也就是说，行政权力在特定时期会出现扩张倾向，大量的政府干预会出现，但这种扩张和干预必须是依法进行的。

---

① 王利明：《司法改革研究》，法律出版社 2000 年版，第 7 页。

② 富兰克林·罗斯福：《罗斯福选集》，商务印书馆 1982 年版，第 9—12 页。

　　作为社会整合手段的文化，既不是指包括物质活动和精神活动中所创造的一切广义的文化，也不单指观念的上层建筑即哲学、政治思想、道德、宗教观念和艺术等社会意识形式，而是指观念的上层建筑和体现在习俗、社会风气、民族精神中的自发的不定型的社会意识。其中，最为重要的是能够最大限度凝聚社会共识的核心价值观。

　　在传统社会，文化不仅反映社会的经济基础，而且在不遗余力地论证统治阶级及其国家政权的神圣性和合法性。由于传统社会是一种以政治领域为中心的诸领域合一状态，文化领域自身的发展受政治领域的强烈限定，文化领域的运行也总是受政治原则和领域的制约。这种情况下，文化的功能就几乎完全成为政治统治的功能的附庸。随着生产力的发展，传统社会结构体系的分化，政治领域的中心限定作用的逐渐削弱，社会结构体系由领域合一到领域分离。随着经济领域的工业化和市场化以及政治领域的民主化，文化领域的个体性主体意识逐步增强，文化多元化兴起，传统政治学说的神圣性被打破，但是，这并不意味着作为文化的整合功能消失。历史唯物主义告诉我们，文化领域里的意识形态部分始终在反映经济领域，并服务于政治上层建筑。现代化进程中虽然文化领域的合理分化有利于社会发展，但是文化多元化却很容易导致文化冲突和矛盾，因此必须发挥文化的整合功能。占统治地位的意识形态只有对社会各种意识形式进行有效整合，才能确保自己的意识形态始终占统治地位。除此之外，体现在习俗、社会风气、民族精神等中的自发的不定型的社会意识，同样是社会整合的文化手段。这些社会意识是经过若干年历史的筛选和积淀，形成了固定的情感、观念、理想追求和价值倾向，深深地扎根在一个国家或民族的社会成员的心理意识中。既然习俗、社会风气、民族精神中体现着自发的不定型的社会意识，那么它也就成了社会整合的直接文化手段。现代化的进程也是国际交往不断加深的进程，利用习俗、传统、社会风气、民族精神对社会进行整合，可以使社会在分化的同时保持历史文化的连续性，保持共同的理解世界的方式、共同的情感、共同的价值观念，增强民族国家的凝聚力。在所有这些社会整合的文化手段中，最为重要的是核心价值观,核心价值观是一个社会在最大范围和限度内所达成的价值共识、最大公约数,凝练和传播核心价值观,是社会整合最为重要的文化手段。

在现代化进程中,不少国家都非常重视核心价值观的社会整合功能。新加坡在利用核心价值观进行社会整合方面,做得比较好。新加坡是一个多种族多宗教的移民国家,只不过这些移民多来自亚洲,不少移民从一开始就缺乏对新加坡的国家认同。同时,快速的工业化也使各种社会矛盾凸显,被殖民的历史又很容易让新加坡受到西方文化的冲击。这种状况迫切需要用核心价值观进行整合。1991 年 1 月 15 日,新加坡以《新加坡共同价值观白皮书》的形式确定了体现整体主义、威权主义、国家合作主义、种族与宗教多元主义取向的核心价值观,其基本内容包括:国家至上,社会为先;家庭为根,社会为本;关怀扶助,尊重个人;求同存异,协商共识;种族和谐,宗教宽容。接着,新加坡通过多种渠道大力倡导和传播这种核心价值观,使新加坡核心价值观深入人心,从而增强了社会凝聚力,有效应对了所面临的种种挑战。

除上述种种整合手段外,社会整合的手段还包括作为执政党意志体现的路线、方针、政策、规划、纪律以及除法律之外的其他各种规章制度等。这些整合手段可以作用于包括经济领域、政治领域、文化领域等社会基本领域的社会整体领域。

三、现代化进程中社会整合的条件

社会整合离不开一定的条件,现代化进程中的社会整合当然也不例外。现代化进程中的社会整合要想达到预期效果,必须具有一定的主体条件和资源环境条件。社会主体相对比较高的素质和能力、良好的资源环境是社会整合所不可或缺的。

（一）现代化进程中社会整合的主体条件

笔者在前面已经指出社会整合主体是指掌握充分社会资源具有强大社会整合能力的社会主体，是一种特殊的社会主体，而在这里，笔者将从特殊回归到一般，就是不再专门探讨社会整合主体这样一种特殊的社会主体，而是重新回到对一般社会主体的讨论上。人作为社会主体与作为社会结构体系的社会客体是相互影响、相互制约的，一方面，社会结构体系的发展状况制约人的发展状况，不同性质的社会结构体系中人的发展状况有很大差异。无论是人综合素质的提高还是生活状态的改善，都离不开社会客体即社会结构体系所提供的客观前提和基础，离不开社会结构体系的生长和进步。另一方面，人的发展状况同样制约社会结构体系的发展状况。人是社会结构体系的主体承担者，社会结构体系也只是人的实践活动的产物，人的发展状况直接决定他们所建构的社会结构体系的状况。社会结构体系发展到什么水平必然要求人的发展也达到相应的水平，否则，新的社会结构体系就会因为缺乏新的主体承担者而无法立足。从这个意义上说，人的发展是社会发展的主体条件。[①] 当我们从社会整合的角度来考察社会发展时，人的发展当然也是社会整合的主体条件。

体现人的发展状况的最为重要的因素是人的素质和能力。人的素质是人的潜在的能力，而人的能力是表现出来的人的素质。人的素质的高低从根本上决定了人的活动能力的大小及其结果，人的活动能力的大小和结果则表现出人的素质的高低。人的素质和人的能力应该是同构的，甚至某种意义上人的素质就是人的能力。但在更严格的意义上，人的素质与人的能力毕竟是不同的，人的素质是人的一种内在规定性、人的活动的内在条件，具有先在性和基础性，而人的能力则是人在对象性活动中所展现的能动力量。鉴于人的素质对人的能力的先在性及其对人的能力与人的生存状态的基础性和决定性作用，我们这里着重讨论人的素质问题，因为人的素质问题解决了，人的能力和生存状态问题也

---

① 贾高建：《社会发展理论与社会发展战略》，中共中央党校出版社 2005 年版，第 91—92 页。

就在很大程度上解决了。同时，人的现实的素质也是人的以往能力延续和生存状态展开的结果，人的素质和能力之间是相互转化的。人的素质本身又是一个包括身体素质、思想道德素质、民主素质、法治素质、技术素质、文化素质、审美素质、情感素质等的复杂的结构体系。

传统社会结构体系的状况为人的素质的发展设定了限度。农业技术和由其决定的自足的自然经济形式，使得社会成员的身体素质得到了重点发展，但也为技术素质和文化素质的发展设定了限度。社会分工的不发达和人们对传统共同体的依赖，使人们的道德素质和情感素质获得了一定程度的发展。政治上的专制、集权和文化上具有强烈宗教和伦理色彩的单一正统学说的控制，使人的民主素质和法治素质难以培养。人的审美素质即使有所发展，也是低层次的。现代社会结构体系的状况，决定了人的素质结构与传统社会人的素质结构是迥然不同的。工业技术和信息技术，使人的专业技术素质获得了快速提升。政治民主化和主体性意识的觉醒，促进了人的民主素质、法治素质、文化素质和审美素质发展。传统社会人的素质结构和现代社会人的素质结构的这种不同状况，也相应地决定了两种不同的人的能力结构状况。

在由技术、社会分工、政治民主化、法治化的不断发展和人的主体性意识逐步觉醒所决定的传统社会结构体系向现代社会结构体系转变的过程中，传统社会的人也在向现代社会的人转变，人的转变必须适应社会结构体系的这种转变，人也应该发挥主观能动性积极促成这种转变，否则，社会整合就会因为缺乏这种主体条件而无法达到预期效果。因此，现代化进程中，作为社会主体的人，就需要不断地掌握科学技术知识，增进民主和法治意识，积极发挥主观能动性和创造性，不断提升自身的素质和能力，从而为社会整合创造适宜的主体条件。

（二）现代化进程中社会整合的资源环境条件

我们这里所谈的资源环境条件是指人类赖以生存的自然界，自然界是社发展的前提和基础，也是社会整合必不可少的资源环境条件。作为社会主体的人，是有生命的、能动的存在物。人通过自己的智慧和劳动，一直在改变自然界。"人作为自然存在物，而且作为有生命的自然存在物，一方面具有自然力、生命力，是能动的自然存在物；这些力量作为天赋和才能、作为欲望存在于人身上……但这些对象是他需要的对象；是表现和确证他的本质力量所不可缺少的、重要的对象。"①人是能动的存在物，他不像动物一样只是被动地适应自然界，而是要"通过实践创造对象世界，改造无机界"，即"再生产整个自然界"②。其中，物质生产活动便是"人们从几千年前直到今天单是为了维持生活就必须每日每时从事的历史活动"③。人通过包括物质生产活动的各种实践活动，与自然界进行物质能量交换，确证自身的本质力量。

但是，现代化进程中的资源环境危机也使我们清醒地认识到，人首先是自然存在物，自然环境是人类社会发展的前提和基础，良好的自然环境是社会整合不可或缺的资源环境条件。没有自然界，也就没有构成社会主体的人，更谈不上人类的社会整合。构成社会主体的人首先是自然存在物，然后才是社会存在物。"人直接地是自然存在物""人作为自然的、肉体的、感性的、对象性的存在物，和动植物一样，是受动的、受制约的和受限制的存在物，也就是说，他的欲望的对象是作为不依赖于他的对象而存在于他之外的。"④这里的"对象"就是指自然界，从这个意义上说，人是受动的自然存在物。不仅如此，人类社会的一切活动都是在一定的自然环境中进行的，都必须借助自然环境，包括蕴藏在这一环境中的各种资源。"自然界，就它自身不是人的身体而言，是人的无机的身体。人靠自然界生活。这就是说，自然界是人为了不致死亡而必须与之处于持续不断的交互作用过程的、人的身体。"⑤社会整合作为人类活动中的

---

① 《马克思恩格斯文集》第 1 卷，人民出版社 2009 年版，第 209 页。
② 《马克思恩格斯文集》第 1 卷，人民出版社 2009 年版，第 161 页。
③ 《马克思恩格斯文集》第 1 卷，人民出版社 2009 年版，第 531 页。
④ 《马克思恩格斯文集》第 1 卷，人民出版社 2009 年版，第 209 页。
⑤ 《马克思恩格斯文集》第 1 卷，人民出版社 2009 年版，第 161 页。

一种，当然也不例外，也必然要受到自然环境的制约。没有良好的资源环境条件，社会整合的预期效果是很难达到的。因此，资源环境作为一种基本条件，同样制约人类社会整合的各个方面和总体过程，资源环境状况从根本上规定人类的生活质量，以及人类社会整合的可能前景。这里需要注意的是，我们强调资源环境对人类社会整合的制约作用，并不意味必定要滑向"非人类中心主义"或者赞成环境哲学所提倡的"人并不是仅有的主体，自然和自然物也具有主体性"① 等观点，因为没有人这个有意识的能动的存在物，就无所谓对自然内在价值的评价。

四、现代化进程中的社会整合模式

我们在分析现代化进程中社会分化机制时，依据先发现代化与后发现代化的不同，把现代化进程中的社会分化机制区分为先发现代化的社会分化机制和后发现代化的社会分化机制。先发现代化与后发现代化进程是两种不同的现代化进程，"这两种不同的现代化进程不仅影响到各国政治发展的趋势，而且影响到工业化发展道路的特点，实际上也就影响到现代化的不同模式选择"② 。现代化的模式选择如此，我们在对社会整合模式进行分析时，同样可以依据这两种不同的现代化进程进行分类，即可以分为先发现代化国家的社会整合模式和后发现代化国家的社会整合模式。从社会结构及其功能的角度来说，本书认为可以把先发现代化国家的社会整合模式概括为经济主导型社会整合模式，把后发现代化国家的社会整合模式概括为政治主导型社会整合模式。

在研究西欧资本主义起源时，马克思指出："现代生产方式，在它的最初时期，即工场手工业时期，只是在它的各种条件在中世纪内已经形成的地方，

---

① 卢风：《环境哲学的基本思想》，《湖南社会科学》2004 年第 1 期。

② 罗荣渠：《现代化新论》，商务印书馆 2004 年版，第 133 页。

才得到了发展。"① 那么这些历史条件或者说是历史前提究竟是什么呢？对此，学术界虽然争论不休，但对一些关键之点还是形成了比较一致的看法。大家一致认为，地理大发现、商业革命、农奴制解体、文艺复兴和宗教改革构成了西欧现代化启动的前提因素。达成这种共识极为重要，但是，仅仅有这些零星因素的堆积是无法使西欧社会的现代化真正启动的。正如罗荣渠所指出的"对于这些独特历史规定条件的探索，并不限于去寻找社会发展的某种或某些决定性的新的经济、技术、政治等因素，这是完全不够的。从现代化理论的角度，重要的是要去探寻被人们忽视的能容纳新因素成长和制度变革的特殊机制"②。西欧社会现代化的启动必须在众多的历史因素的聚合与撞击中，形成一种"新的发展定式"③。正是这种新的发展定式促成了西欧社会现代化的启动。本书认为，这种"新的发展定式"或"发展趋势"不是这些零星因素的简单凑合，而是社会借由这些因素形成了一种新的运行机制。从社会整合的角度说，社会也就由此形成了一种新的整合机制，正是特定社会整合机制的确立、运行和不断完善才使社会最终形成了特定的整合模式。

（一）经济主导型社会整合模式

本书之所以把先发现代化国家的社会整合模式概括为经济主导型社会整合模式，是因为先发现代化国家的社会变迁中，启动社会变迁的诸种重要影响因素中经济因素不仅是先导因素，而且处于主导地位。

西欧社会从中世纪晚期开始，相继经历了农奴制解体、文艺复兴和宗教改革。农奴制解体，人的依赖关系得到了一定程度的解决；文艺复兴主张个性解放，提倡科学文化，肯定人的权利，使人们在思想上突破了旧的封建思想的控制，获得了一定程度的解放，人欲得到了释放，理性得到了张扬；宗教改革打

---

① 《马克思恩格斯文集》第 7 卷，人民出版社 2009 年版，第 371 页。

② 罗荣渠：《现代化新论》，商务印书馆 2004 年版，第 135 页。

③ 罗荣渠：《现代化新论》，商务印书馆 2004 年版，第 137 页。

破了教会对人的精神控制，矫正了世俗政权与神权之间扭曲的关系。这些因素为西欧现代化的启动创造了历史条件。

此外，还有两个重要因素，即民族国家的形成和由地理大发现所引起的商业革命。西欧封建社会没有民族概念和民族国家，庄园是社会的基本单元，领地是政治的基础，人们依附于庄园，隶属于领地，效忠于领主，社会成员的认同感是基于被分封土地的认同感而非民族认同感。不仅民族观念模糊，国家概念也是模糊不清的，农奴和封臣效忠领主，即使是最高的封建主，人们对他的效忠也是在最高领主意义上效忠的，也就是说，封建的西欧只有领地，没有真正意义上的国家。在整个西欧封建社会，除共同的天主教身份认同外，各个领地拥有各自的经济、政治、司法等世俗权力。中世纪晚期专制王权的形成才促成了西欧社会向民族国家的过渡。以英国为例，英国在百年战争失败后，三十年的玫瑰战争使旧军事领地的封建贵族在自相残杀中消失殆尽，王位落到了亨利·都铎手中。他进而消灭旧贵族，统一国家，确立了专制王权，作为民族国家的英格兰正式出现，亨利八世和伊丽莎白一世进一步使这个民族国家强大起来，为现代化的启动创造了必要条件。对于地理大发现的历史作用，马克思曾经强调"美洲的发现、绕过非洲的航行，……使商业、航海业和工业空前高涨，因而使正在崩溃的封建社会内部的革命因素迅速发展"①。在一定程度上，地理大发现是西欧早期对外扩张的代名词，葡萄牙和西班牙是地理大发现的先驱，也是西欧早期对外扩张的先驱。16世纪初，葡萄牙就在非洲西海岸建立据点，占领巴西，并确立了印度洋的海上霸权，继而占领马六甲，成为名副其实的海上霸主。16世纪中叶，西班牙也霸占了除巴西外的中南美洲，接着征服了佛罗里达，向北美大陆殖民。之后荷兰、法国、英国也在挑战葡萄牙和西班牙的过程中开始向外扩张的步伐。民族国家大力支持的海外殖民贸易把世界联结成了统一的整体，引发了西欧的商业革命和商业精神，商业的目的不再仅仅是满足国王和贵族的需要，庄园经济受到重创，农村市场活跃，市场交易成为人们

① 《马克思恩格斯文集》第2卷，人民出版社2009年版，第32页。

获得生活物品的日常方式，公司制、近代货币与信贷体系初露端倪。

纵使以上这些因素为西欧现代化的启动创造了一定的历史前提，但是西欧社会现代化启动的根本原因仍然在于生产力的发展达到了能够完全突破封建生产关系束缚的程度，发生这种质变是一个必然过程。部分学者曾把工业革命之所以在英国发生的原因归结为英国有煤炭资源，这种观点很显然是不成立的，因为现在的事实证明煤炭资源不仅仅为英国所独有。煤炭资源的发现也如以上各种因素一样，是英国能够在当时发生工业革命的众多条件之一。工业革命能够在英国首先发生的根本原因是生产力能够而且必然要突破旧的生产关系的外壳。

西欧社会经济领域的这种状况使各种经济关系分化的同时，其经济自组织能力逐步增强。随着产业结构由农业为主导逐渐转变为以工商业为主导，所有制结构从封建所有制转变为农民或手工业个人所有制进而转变为资本主义个人所有制。传统社会里作为社会整合主要力量的政治权力的社会整合地位和作用逐渐下降，具有独立经济条件的资本所有者集团的社会整合的作用日益上升。他们以追逐利润为目标，运用资本主义的生产和经营方式推动经济发展，把传统的狭隘的地方性市场变为全国性的市场甚至世界市场。生产和交换再也不能孤立地进行，形成了包括土地和劳动力商品的较为完善的市场体系，社会经济生活直接由市场来导引，经济运行从而完全受控于庞大的市场体系和市场机制。这种经济自组织能力对社会秩序的生产起到了很大作用，实现了社会整合的重要功能，经济结构分化越充分，这种社会整合功能发挥得就越充分。新的经济因素很少受到政治的干预，即使是对殖民地的开拓和经营，严格来说，也不是国家的事业，而是私人冒险家或合股公司进行的，国王甚至也以个人的名义入股合股公司，伊丽莎白一世时期的英国具有典型性。经济自由主义原则自然导引出政治自由主义原则，促使原有的封建议会采取更为民主的形式，形成代表新兴阶级利益的代议制民主。西欧社会不仅在现代化初期呈现出一种经济主导型社会整合模式，即便是今天，仍然很难否定这一点。但是我们必须指出的是，经济主导型社会整合模式并不完全排斥和否定政治因素在社会整合中的作用。在现代化启动的准备阶段，国家政权就在促进资本原始积累，制定圈地和惩治流浪法，建立产权保护和关税保护制度，在推动海外殖民方面发挥重要作用。随着现代化进程的推进，市场失灵问题逐步暴露，尤其是随着发展性危机的爆发，国家的作用日益增强，政治因素在社会整合方面的作用日渐突出。但是无论如何，现代化进程中先发现代化国家的社会整合始终是在充分发挥经济因素作用的提前下并以经济功能为主导进行的。

（二）政治主导型社会整合模式

后发现代化国家的社会整合模式多为政治主导型社会整合模式。政治因素在后发现代化国家中的作用非常突出，尤其是在现代化的启动阶段，政治因素对于后发现代化国家的社会整合的作用更是其他因素所不能替代的。

后发现代化国家多为殖民地或半殖民地社会，是后发展社会。这些国家或地区在现代化进程中从一开始就面临特殊境遇。其一，这些民族国家的生产力发展缓慢，传统生产和生活方式依旧占据绝对的统治地位，新的经济因素即使零星出现，也鲜有发展机会和空间，经济自组织能力更是无从谈起；其二，这些欠发达社会多是被迫纳入资本主义世界经济体系，并处于依附地位。资本的全球扩张，使这些农业社会从属于西方资本主义社会。这些国家和地区的生产和生活方式被扭曲，新的经济因素虽然被移植和输入，但在整个世界经济体系中，这些新经济因素的生长和发展是严格受制于不平等的国际分工的。因此，即使经济有所发展，也只是依附性发展，即依附于西方资本主义世界这个经济中心区，成为这些中心区的原料及初级产品供应地和工业制成品消费地。这些国家和地区不仅经济上依附于西方世界，而且政治上不自主，军事上在西方的高压控制下，文化上也经受西方异质文化冲击。社会整体因此处于一种受制于外来因素和外在发展机制强烈作用的畸形状态。生产力的落后状态、经济自组织能力的低下以及殖民地或半殖民地的地位，使得政治因素即国家在现代化进程中必须扮演特殊重要角色，充分发挥自身作用以便争取民族独立，稳定社会秩序，推动社会现代化进程。

后发现代化国家的社会分化首先是从政治领域开始的，相应地，后发现代化国家的社会整合也应该首先发生在政治领域。同时，鉴于后发现代化国家所处的境遇，政治因素即国家在社会整合中也应当是主导因素，面临着西方世界的外在冲击和国内的各种矛盾压力，国家首先必须赢得民族独立和稳定社会秩序。一般来说，政治上层建筑内部会因之发生变革，发生不同程度的分化，在分化的同时又必须有政治力量来实施政治领域的整合。正是在这种整合中，国家逐渐增强自身能力，并逐步赢得民族独立，进而稳定社会秩序，这个过程通常也是一个从专制逐渐走向民主的过程。在这个过程中，思想文化领域的分化和整合与政治领域的分化和整合几乎是同时进行的。由于这些社会多是殖民地或半殖民地社会，在政治领域分化与整合过程中，各种思想文化必然会相互碰撞和激烈交锋，最终掌握国家政权的力量会使自身的意识形态上升到统治地位，进一步实现思想文化领域的整合。政治领域内部不仅首先发生一定的分化与整合，由于后发现代化国家或地区生产力落后，经济自组织能力低下，国家在利用政治、思想或军事手段维护社会秩序的同时，还必须采取措施发展生产力促进经济领域的适度分化。与此同时，由于经济领域本身自我运行机制尚未形成和完善，经济关系、经济制度、经济组织的分化反过来又要求国家对其进行适度整合。制定和实施有利于经济发展的各种立法，进行经济领域的各种改革，比如土地制度改革和产权制度改革等，利用行政手段进行大规模有计划的重点投资，兴建基础设施；制定经济发展战略，引进技术，采取各种手段充分调配和利用各种资源，建立统一的国内市场，扩展国际经济交往，以实现经济领域的有效整合，等等，这些都是后发现代化国家在现代化初期必须承担的历史任务。

日本的现代化极具典型性。1853 年签订《日美和亲条约》后，日本也面临着被殖民的危险。但是日本能主动迎接西方现代化浪潮的冲击。以下级武士为代表的资本主义新生力量，打着尊王的旗号，于 1868 年发动了"戊辰战争"，推翻了幕府统治，建立了以资产阶级化的下层武士为中坚、以明治天皇为首的新的国家政权，进而重塑了日本的政治体制。"日本要在 19 世纪世界里作为一个民族国家自立下去，就必须出现一个与近代社会相适应的国家政权。"①1871 年 12 月，明治政府派出了一个由岩仓具视、大久保利通、伊藤博文等 48 人组成的考察团，考察了西方 12 个资本主义国家现代化状况，学到了西方现代化的先进经验。"在国家最高领导班子里竟有一半之多的领导人去先进国家实地考察学习近两年之久，这在日本历史上真可谓空前绝后。国外也尚无这样的先例。"②先是废藩置县，消灭封建制度，取消武士特权，借鉴西方议会和德、俄君主制改造国家体制，加强中央集权，使国家成为强有力的现代化进程的主导力量。明治政府继承日本的"拿来主义"传统，明确提出"脱亚入欧"，大搞"文明开化"，废除旧思想、旧观念，全面学习西方，进而推行经济领域和其他领域的改革。允许土地自由买卖，改革地税。推行工业革命，大力扶植资本主义工商业，加快原始资本积累。改革教育制度和旧军制，建立近代常备军。这是一种典型的政治主导型社会整合模式。朴正熙时代的韩国和李光耀时代的新加坡也不例外。虽然当时的韩国和新加坡已经在之前摆脱殖民统治，但仍深受殖民统治的影响，其现代化进程从本质来说也是后发的，而且当时同样需要政治主导型的社会整合模式。

但是，需要特别指出的是，采取政治主导型社会整合模式的国家或地区，当经济发展到一定阶段即经济自我运行机制健全和经济自组织能力达到一定程度时，政治因素的作用将主要体现在为经济领域及其运行发展提供服务上。届时，经济因素在社会整合中的作用就会超越政治因素，政治主导型社会整合模式也就演变为经济主导型社会整合模式。

此外，还应该弄清楚的是，究竟有没有文化主导型社会整合模式？不少学者非常重视文化对社会整合的作用，有些学者甚至认为文化之于社会整合比经济和政治所发挥的作用更重要。我们当然不能否认文化的社会整合功能，并且承认经济整合、政治整合和文化整合共存于社会整合中。但是，在笔者看来，

① ［日］信夫清三郎：《日本外交史》，商务印书馆 1980 年版，第 114 页。

② 井上清、李薇：《中国的洋务运动与日本的明治维新》，《近代史研究》1985 年第 1 期。

不能由此而推出有经济主导型社会整合模式和政治主导型社会整合模式，就必定有文化主导型社会整合模式。之所以这样说，原因有二。其一，从整个人类社会的现代化进程来说，无论是先发现代化国家还是后发现代化国家，文化对于社会整合的作用，都至多是一种先导作用，而非主导作用。无论是西方的文艺复兴和启蒙运动，还是中国的五四运动，文化因素虽然都起了先导作用，但又随即被之后的经济主导型社会整合或政治主导型社会整合代替，从而无法占据主导地位。其二，从文化的结构看，无论是体现为自然科学的文化，还是体现为意识形态的文化，都很难单独发挥作用。作为自然科学的文化对社会整合起作用的主要途径是技术和经济领域，而作为意识形态的文化对社会整合起作用则要依靠政治领域。可见，从现代化进程来看，在某种程度上，文化是附属于经济和政治的，是借助经济和政治而发挥作用。因此，笔者认为，文化虽然有非常重要的社会整合功能，但至少到目前为止，并不存在文化主导型社会整合模式。

第四章 通向现代社会：合理的社会分化与社会整合

在第二、三章中，我们分别对现代化进程中的社会分化与社会整合做了考察，但是仅仅如此仍是不够的。因为无论分析得如何努力，也不可能做到对社会分化与整合状况的整体性把握。鉴于此，这里我们将对现代化进程中的社会分化与社会整合进行综合性研究，力图从总体上考察现代化进程中社会分化与社会整合状况。

一、分化与整合：社会运行与发展的双重逻辑

通过前面的分析，我们可以看到分化与整合共存于社会发展进程中。实际上，也正是社会不断的分化与整合推动社会发展，而进一步考察社会发展的历史进程，我们会发现社会分化与社会整合的程度还体现向前社会的发展水平。

（一）社会分化与社会整合共同推动社会发展

当我们把分化与整合作为一对概念来考察的时候，就会发现分化与整合彼此以对方的存在为前提，而当我们从分化与整合的综合角度来考察截至目前的整个人类社会发展时，就会发现，总体来说，作为一种现实，分化与整合不仅

共存于社会历史发展进程中，而且社会分化与社会整合还共同推动社会发展。

社会发展的每一个特定历史阶段（各种社会形态）都存在社会的分化与整合，正是社会分化与社会整合同时存在，社会才得以向前发展。渔猎社会的经济、社会、文化等领域虽然整体上还处于原始的混沌一体状态，但其内部仍然有分化因素，比如自然分工和部落之间的地缘分工等。与此相应，氏族和部落首领在进行社会整合，原始民主、图腾、巫术等也发挥重要的社会整合作用。农业社会里由于生产力的发展，剩余产品的相对增加，社会秩序的维持难度加大，此时社会整合需求更大，而且统治者所采取的社会整合手段往往是强制性的。工业社会里生产力的发展，产业结构分化，市场经济建立的普遍联系，以及由此带来的社会关系的复杂化和社会结构要素的增多，使社会整合更加必要，没有相应的社会整合与这种社会分化状况相匹配，社会的不断发展是不可想象的。

进一步说，即便我们考察某一种正常运行的具体社会形态的某个时间节点，也会发现，分化与整合总是同时存在于经济、政治、文化等不同的社会领域。比如，在农业社会，虽然整个社会由于政治的中心限定作用处于强制整合的状态，但反过来看，这种强制整合状态也恰恰说明社会各领域始终处于分化中，正是分化使强制整合变得必要。经济领域内，商业逐渐分化出来并日益繁荣，西方尤其如此。即使中国的农业社会也曾出现商业繁荣的阶段和区域，汉代的盐铁官营和私营之争就从一个侧面反映了当时商业发展的盛况，而明末之后商业的发展就更为繁荣。经济领域的分化使政治和文化领域也发生分化。西方社会由于商业比较繁荣，政治和文化领域的分化更为明显，雅典的民主制建立、罗马法产生、宗教之争等都是政治和文化领域分化的结果和表现。而在中国，考察中国古代政治制度史，同样能够发现中国农业社会的政治制度和政治组织也是在不断分化的。隋唐时期三省六部制的创设也是中国农业社会政治领域分化的结果和表现；文化领域自汉代独尊儒术之后，儒家学说虽然在相当长的历史时期内一直是单一的正统学说，但其他各家学说也同时在不同程度地传播和发展。

社会分化与整合的同时存在，并不意味着分化与整合总是同时发生，相反，一般是先有社会分化后有社会整合，我们之所以看到社会分化与整合总是同时存在于一定的社会历史阶段、甚至是某一时间节点，主要是因为某些领域社会整合在进行的时候，社会其他某些领域的分化也在发生。而当我们在总体上着重从时间序列来考察社会的分化与整合时，就会立刻发现社会分化与整合对于社会发展的重要性。从某种程度上说，社会发展过程其实就是社会经由分化达到整合，由整合走向新的分化，再由新的分化走向新的整合的循环往复的过程。每一次循环都使社会得到了一定程度的发展，直至使社会发展达到一个新的发展阶段，并在这个新的阶段展开新的分化与整合的循环过程。生产力和社会分工的发展，使经济关系越来越复杂，必然导致经济领域内经济活动和经济组织的增加。不同的社会成员被分配在不同的生产部门和环节，必然导致其产生不同的生活方式、行为方式和价值观念，这就促使社会整合的发生。合理的社会整合能够激发社会成员的生产积极性和社会活力，进而推动社会发展。特别是当社会处于一种社会形态向另一种社会形态演进过程中时，社会分化的速度和强度会相对增强，社会整合的力度和强度也应该相应增强，以便在维护社会稳定的基础上助产新的社会形态，使社会进入更高的发展阶段。

（二）社会分化与社会整合程度体现社会发展水平

从技术社会形态的视角来划分社会发展阶段，人类历史的演替截至目前总体上可以分为渔猎社会、农业社会、工业社会和信息社会，后一种社会发展阶段的社会发展水平高于前一社会发展阶段。而当我们从社会分化与社会整合的角度来考察人类历史这一演替进程时，就会发现不同的社会发展阶段，社会分化与社会整合状况呈现出不同特征，即渔猎社会呈现的特征是低分化与低整合；农业社会呈现的特征是低分化与高整合；工业社会呈现的特征是高分化与高整合；信息社会呈现的特征则是更高程度的分化与整合。进一步分析，我们可以发现，社会分化与社会整合的程度是由低到高演变的。

在渔猎社会阶段，由于生产力发展程度低下，渔猎采集几乎是社会生产的全部内容，无论是劳动者、劳动资料和劳动对象都具有强烈的自然性质，劳动者刚刚脱离动物界，劳动资料是取自自然的石器，劳动对象是诸如鱼类、兽类和植物果实等纯粹的自然物。人们仅仅在制造简单工具的意义上超越了纯粹动物式的适应自然的方式，面对强大的自然界，个人仍然显得软弱无力。因此，人们不得不采取群体性的生活方式，从而形成以血缘关系为纽带的氏族和部落共同体。经济、政治、文化等各种社会关系也被包裹在这种共同体中，并必然体现为原始公有和民主的性质。社会各领域还是处于分化程度极低的混沌状态，氏族首领等所进行的社会整合有很强的自发性，整合程度也非常低。

由于人口自然增长的压力、渔猎采集生产方式本身的落后性以及人们的经济和知识积累，种植栽培技术和驯养动物技术逐渐被人们发明出来，新的生产工具也因生产必需而被制造出来。农业生产和农业技术作为一种新的物质生产方式逐渐占据主导地位，人类由此进入农业社会。在农业社会，经济领域里虽然出现了畜牧业、农业、手工业和商业并存的状况，但是其他各种产业还只是农业的辅助产业。生产和生活以家庭为单位自给自足，商品交换不发达，普遍的经济联系并未建立起来。在文化领域，虽然也分化出了哲学、文学、艺术等，但人们的精神生产和活动在整体上却受着强烈宗教和伦理色彩的整体性意识的控制。在政治领域，专制国家的政权结构是混同一体的。政治结构分化程度很低，君主拥有绝对权力，社会成员无民主权利可言。社会各领域分化程度虽然比渔猎社会高出许多，但仍然很不充分；加上专制国家为了维持自身统治，采取政治和文化等各种手段对社会整体实行政治强制，社会各领域的分化严重受阻，从而使社会整体呈现出一种低分化高整合状态。

在工业社会，经济领域里工业占主导地位，农业的工业技术因素也逐步增加，服务业分化出来并迅速发展。各种产业内部也分化出了不同的部门。企业等市场主体不断涌现，社会个体成员真正摆脱了传统共同体成为经济上独立而平等的个人。市场交换发达，普遍的经济联系被建立起来。政治领域里，承担不同政治职能的政治机构逐渐分化出来，市场经济所遵循的自由平等原则开始在政治领域里反映出来；政治参与渠道广泛、畅通，政治参与扩大；法律取得至高无上的地位，政治权力依法行使。在文化领域，社会成员主体性意识增强，文化逐步多元化，社会整体便处于一种高度分化状态。这种高度分化状态并不意味着社会整合程度的降低，反而是要求更高程度的社会整合与之相适应的。只不过与农业社会不同的是，工业社会的社会整合主体在整合手段的选择和运用上更加重视市场、法律、核心价值观等手段的运用，充分发挥这些手段的功能而已。

信息社会作为一种新的技术社会形态尚在形成过程中，其特征还没有完全显露和确定下来。但可以肯定的是，随着以信息产业为代表的高新技术产业在生产力体系中占据主要地位，社会分化与社会整合的程度将进一步提高，仅从网络技术的发展我们就可以感受到这一点。[1] 当今网络技术的发展，已经对全球造成了巨大影响。无论是处在农业社会向工业社会转型的国家，还是处在工业社会向信息社会转型的少数发达国家，都能够深刻地感受到网络技术对社会发展的影响。网络等信息技术的发展，使社会内部分化出了独立的网络部门，并改造和升级先前的社会各产品部门的技术结构，经济领域的关系由此复杂化。网络技术的发展也使得民主参与的渠道多样化，公众参与更加便捷，这促使政治系统不得不做出适应现实的各种调整以对之做出有效回应，这种调整本身就意味着政治结构和功能的分化。网络技术的发展特别是互联网的普遍应用，使社会成员个人同时成为信息接收者、制造者和传播者，从而进入了所谓的"自媒体时代"。社会成员的个体性主体意识由此空前提升，文化领域多元化成为一种必然。由此可见，网络技术的发展使社会分化的速度和程度都大大增强，这种高度分化在客观上必然要求更高程度的社会整合与之相适应。

---

① 贾高建：《社会发展理论与社会发展战略》，中共中央党校出版社 2005 年版，第 81 页。

二、现代化进程中社会分化与社会整合的四种样态及其评价

所谓社会分化与社会整合的样态，是指社会分化与整合程度所彰显的社会分化与社会整合的总体态势。现代化进程中社会分化与社会整合的样态多种多样，现代化的不同阶段、不同国别甚至同一民族国家的不同阶段，都会呈现出不同的社会分化与整合样态。但这些不同的样态从总体上大致分为四种，即低分化高整合、低分化低整合、高分化高整合和高分化低整合。深入考察现代化进程中社会分化与社会整合的各种样态，对于现代化研究至关重要。

（一）低分化高整合

低分化高整合是社会结构体系分化程度低，经济、政治、文化各领域之间以及各领域内部分化程度很不充分，但是社会整合特别是政治整合程度很高，政治因素对社会整体的影响极大，使社会整体运行时刻处在政治强制下。

现代化是传统社会向现代社会的转型、农业社会向工业社会的转型。为了快速实现工业化，苏联时期采取的战略选择是优先发展重工业。优先发展重工业的战略使苏联的重工业获得飞速发展，但是这种战略选择导致产业结构的畸形，工业部门内部轻工业发展不足，农业和第三产业的发展也受到了抑制。生产力方面如此，生产关系内部同样不合理。毫无疑问，公有制是最符合社会化大生产要求的，但是纯而又纯的公有制，并不符合当时社会生产力的整体发展状况。毕竟，生产力的发展还未达到一定的程度，普遍的交换关系并没有在全社会完全建立起来。单一公有制不仅不符合社会生产和分配的实际情况，而且导致个体所有制、股份制、混合所有制等其他经济成分无法分化出来，从而进一步抑制了生产的发展。同时，计划经济体制又使社会资源和生产要素牢牢地控制在国家手中，资源要素缺乏流动性，无法实现有效配置。这种单一的经济关系、经济组织和经济

制度是经济领域分化程度严重不足的体现，同时也是导致这种分化程度严重不足的重要因素。

　　苏联时期特别是斯大林时期，社会政治领域的分化程度是极低的。就政治领域与其他领域的关系而言，政治领域所担负的其他社会领域的功能也没有从政治领域分离出来进而回归其他领域。国家掌握社会的所有资源，在单一公有制和计划经济体制下，国家通过控制经济组织来控制生产和分配，经济组织无法按照经济运行规律有效运作。也就是说，本该由经济组织来承担的一些职能却由政府担负。政府担负的这些职能一方面造成了经济无法以自身规律运转，另一方面也造成了政府负担过重、机构臃肿和官僚主义等后果。同时，政府对经济组织的完全控制还造成了两个相互关联的严重后果：一是过于强调重工业发展，忽视轻工业和农业，特别是抑制第三产业；二是由于第三产业很难分化出来，加上政府对社会的全面控制，各种民间组织和社会组织也很难分化出来作为沟通国家与个人的桥梁而存在，在政治参与这一端，社会力量和社会组织的分化很不充分。政治领域与文化领域的关系，也鲜明地体现为文化功能完全服从服务于政治目的，履行的也是一种社会控制功能。思想上层建筑是为统治阶级服务的，文化整体服务于政治上层建筑是无可厚非的。但是，现代化的进程是一种文化日益多元化的进程，世界交往的发展使文化多元化趋势不可阻挡。任何一种文化因素想排除其他各种文化因素而独立存在已不再可能，任何一种价值想单独否定多元价值也是无法做到的。即使是占统治地位的意识形态即统治阶级的意识形态充其量也只能是在文化领域里占统治地位，绝无可能独霸整个文化领域。文化领域的分化正如其他领域的分化一样是现代化的本来内容，现代化在文化领域的首要表现就是打破传统社会富有强烈宗教和伦理色彩的单一正统学说。

　　斯大林时期社会的低分化，不像一些处在现代化最边缘的国家和地区一样伴随的是低整合。相反，这种低分化伴随的却是高整合。在这种类型的社会里，高整合是低分化的根本原因，因为不像低分化低整合社会的工业化还没有启动或者刚刚启动，斯大林时期社会的工业化已经完全启动。社会分化程度之所以很低，主要是因为高度的社会整合造成的。国家几乎掌握了全部社会资源，并依靠政治和行政权力等强制性整合手段，使整个社会完全按照政治规则和政治目的运行。经济领域和文化领域完全丧失了自主性，无法按自身内在的运行机制和规律发展。经济活力不仅不能释放，经济本身生产社会秩序的附带功能也难以发挥出来。文化几乎完全被主流意识形态所覆盖，文化活力缺乏。整个社会在这种高度整合中维持秩序的稳定，但这种整合只能是迪尔凯姆所说的高度同质性状态下的机械整合，看似十分稳定的社会秩序其实是非常脆弱的。

（二）低分化低整合

低分化低整合是社会结构体系分化程度低，经济、政治、文化各领域之间以及其各领域内部分化程度都比较低，与之相伴的社会整合程度也比较低的一种社会分化与整合样态。总体来看，非洲社会属于此种类型。

非洲是一个地广人稀的大洲，总面积为 3,000 多万平方千米，人口只有 7.2 亿。同时非洲也是世界上国家最多的一个大洲，现有 53 个独立国家，都是发展中国家。非洲是世界上最落后和最贫困的大洲。在联合国确定的最不发达国家中，非洲在 1971 年有 17 个国家，1980 年增加到 27 个，2001 年达到 34 个，占全世界最不发达国家总数的 3/4。非洲之所以如此落后，原因多种多样，学术界为此争论不休。但有一点学术界对此是有共识的，即殖民主义的历史遗留和依附性发展是造成非洲落后的重要原因。这主要表现在"非洲国家至今存在的不合理的国际边界、承袭殖民时期的缺乏内部凝聚力的行政管理组织和立法制度、严重畸形的单一经济结构、城市与乡村间的巨大差别、教育制度的落后，以及鄙视非洲黑人的种族主义思想的泛滥等"①。即使在实现国家独立后，非洲国家也很难实现自主性发展。"从上个世纪 70 年代开始，非洲自主的发展

---

① 陆庭恩：《非洲国家的殖民主义历史遗留》，《国际政治研究》2002 年第 1 期。

战略构建尝试一直没有中断过，但是由于西方国家和国际金融机构的阻挠，非洲国家没有真正构建起本土的发展战略。"①在全球化浪潮的冲击下，非洲社会各领域未来的发展更难以摆脱这种影响。"非洲国家对国际援助的深度依赖，以及冷战后西方援助方将发展援助政治化的做法使得非洲民主化进程自始就深深打上了'外力推动'的烙印，其未来发展也将不可避免地在西方'外力'与国内政治力量'内力'的互动中艰难前行。"②这也是非洲最不发达国家一直在增加的关键所在。从社会分化与社会整合的角度来考察非洲社会的发展，也许我们能够对非洲国家的社会发展有更深刻的认识。非洲是最早遭受西方殖民主义侵略，最晚完成殖民化，也是最后取得政治独立，建立多民族国家的大陆。独立以前的非洲国家虽然早已被纳入资本主义世界经济体系，但它们是完全被动的。非洲国家真正有意识地踏上自身的现代化进程，应该是在 20 世纪 60—70 年代取得独立并建立主权国家之后。考察非洲国家从传统社会向现代社会转变，我们会发现社会分化与社会整合总体上呈现的是一种低分化低整合样态。

就经济领域而言，20 世纪 60—70 年代至今，整个非洲经济在不断发展，但是由于殖民主义的历史遗留和依附性发展等因素，非洲绝大多数国家的产业结构分化不充分，商品经济仍不发达，平等的交换原则尚未确立。现代化进程是以农业为主导的传统产业结构不断分化、新的以工业为主导的产业结构逐步形成的过程。非洲国家虽然最早被殖民，但是早期的奴隶贸易对非洲以大家庭式农村村社为主的传统社会的生产方式几乎没有造成任何冲击。只是随着西方工业革命的推进和非洲的完全殖民化，非洲国家的传统社会的产业结构才逐渐开始分化。其典型表现就是种植园经济和采矿业的形成和发展。一方面，殖民者在非洲通过各种手段大肆掠夺土地并发展种植园经济。"1890 年代，德国商人开始在多哥和喀麦隆建立种植园；1913 年，德国在喀麦隆的种植园已有 58

---

① 周玉渊：《从被发展到发展：非洲发展理念的变迁》，《世界经济与政治论坛》2013 年第 2 期。
② 贺文萍：《非洲民主化制约因素透视》，《西亚非洲》2005 年第 2 期。

处，占地 75,000 平方英里，雇用非洲劳工 18,000 人。在阿尔及利亚，1888 年时欧洲人已经建立了总面积为 103,000 公顷的葡萄种植园，年产葡萄 250 万百公升。英国重新征服苏丹后，立即发展了长绒棉种植园经济，长绒棉很快成为苏丹的重要出口品。"①非洲大多数国家因此逐渐形成了以单一农业经济作物为主的经济结构，比如黄金海岸主要生产可可，摩洛哥主要种植甘蔗类经济作物，埃及、苏丹、乌干达等国主要种植棉花，利比里亚和安哥拉主要生产咖啡，南罗得西亚以种植烟草为主。另一方面，非洲有些国家逐渐形成了单一矿产品开采与出口的生产结构，比如贵金属、煤炭和石油等，阿尔及利亚和尼日利亚以生产和出口石油为主。这种产业结构从开始形成就很难改变，其原因在于非洲社会的经济发展有很大的依附性。这种依附性迫使非洲社会在资本主义世界经济体系中牢固地扮演西方国家的原料供应地和产品销售地的角色，很难有所转换。然而，这种单一经济作物与单一矿产品开采的生产结构，是一种分化程度很低的产业结构，农业在国民经济中始终处于主导地位，工业虽然有所发展，但由于仅仅是初级产品加工，从而很难从传统产业结构中分化出来并居于主导地位。这种产业结构、不发达的分工以及主要面向西方市场的依附性贸易结构直接导致商品经济不发达，市场交换作用很难在国内凸显出来，市场机制难以完全建立，平等的市场交换规则无法充分发挥作用。

就政治和文化领域而言，非洲国家的分化程度同样很低。民主化的程度体现了一个国家政治领域的分化与整合程度。就非洲的民主化进程而言，非洲的第一次民主化浪潮以 20 世纪 50 年代末和 60 年代初根据殖民宗主国的模式进行的宪制改革为主；第二次民主化浪潮是在 20 世纪 70 年代末和 80 年代初，以乌干达的阿明、赤道几内亚的恩古马和中非的博卡萨被推翻及毛里求斯、塞内加尔、布基纳法索、冈比亚、尼日利亚、加纳的民主选举和改革为标志；20 世纪 80 年代末到 90 年代受民主第三波的影响，非洲民主化迎来第三次浪潮，这次以贝宁模式的传播、曼德拉被无条件释放以及喀麦隆、加蓬、马达加

---

① 于民：《非洲经济落后的殖民地依附性经济结构根源》，《东方论坛》2007 年第 4 期。

斯加、马里、莫桑比克等国多党制的实行为标志，这些都为非洲的民主化奠定了一定的基础。但是，在非洲绝大多数国家，民主化的形式都是大于实质的，因为这些国家政治领域的分化程度事实上是很低的。虽然大多数国家都模仿西方的民主模式实行多党制，建立立法、行政、司法相互制衡的权力结构体系，但是由于这种政治体制的建立脱离了基本没有分化的传统生产方式、脱离了不发达的商品经济这种交换形式，政治结构的分化只是人为强加的一种分化。换言之，这种分化只能是表面上的、形式上的，社会的实际政治运行仍然很难摆脱对部族政治和军人干政的深度依赖。在文化领域，非洲是一个笃信宗教和宗教多元化的大陆，非洲社会整体上仍然深受传统宗教的影响。传统宗教不仅与非洲的生活习俗和道德伦理密切相关，而且是非洲人探讨人与自然、人与人、人与社会和谐相处的工具。传统宗教一直深深影响非洲人的思维方式和行为规范，以至于有学者认为"从某种意义上说，非洲历史就是一部处于动态变化中的宗教史"[①]。虽然非洲宗教总体上呈现出传统宗教、伊斯兰教和基督教（尤其天主教和新教）三足鼎立的格局，但传统宗教仍是非洲传统文化的内核。非洲的传统文化虽然受到了西方文化的冲击，但是在传统宗教信仰基础上所形成的君权神授、服从集体、祖先崇拜与酋长崇拜的权威主义观念和意识仍然主导社会和政治生活。因此，总体来看，文化领域虽然在逐渐分化，但其分化幅度和深度是非常有限的。

非洲社会不仅分化程度不高，而且社会整合程度也很低。经济领域的分化不充分，难以形成有效的市场机制，是非洲社会整合程度较低的一个重要原因。除此之外，非洲社会整合程度低还有一个非常重要的原因，即非洲国家的依附性发展和部族政治使非洲社会很难形成一个强有力的社会整合中心。对西方所给予的附加政治条件的经济援助的需要以及国内部族政治的影响，使作为社会整合中心的政府很难发挥其应有的作用，社会整体因此呈现低整合样态。

---

① 张宏明：《传统宗教在非洲信仰体系中的地位》，《西亚非洲》2009 年第 3 期。

（三）高分化高整合

高分化高整合是社会结构体系分化程度高，经济、政治、文化各领域之间以及经济、政治、文化各领域内部分化程度都很高，同时社会整合程度也比较高的一种社会分化与整合样态。这里我们通过分析英国的现代化进程来揭示社会的高分化高整合样态。

学者们在研究英国现代化进程时，都无一例外地注意到了英国的早期工业化。不仅如此，在对工业革命为什么首先发生在英国的争论中，学者们更是分析和总结了各种原因，如商业革命、殖民贸易、政治民主化、市民社会兴起、煤炭资源优势等。从社会分化与社会整合的角度说，这些原因中的大多数都与社会分化和社会整合息息相关，它们同样是社会高度分化的原因和体现。也就是说，早在工业革命之前的准备阶段，与其他国家相比，英国社会的分化程度已经很高，这种高分化高整合样态一直贯穿于英国现代化进程的始终。

就经济领域而言，传统的以农业为主导的产业结构的分化是很充分的，而且工业革命前，整个农业的工业化已经开始，只不过这种工业化不是大机器生产，而是由商业资本控制的多是面向海外市场的农村家庭工业。之所以把它叫作农村家庭工业，是因为这些资本所有者"是老板兼工匠，也是小土地所有者，仍然部分地靠土地为生。人们把这种生产制度叫做家庭工业制度。它已经跟世界市场相联系"①。殖民贸易开辟了广大海外市场，由于城市原料供应不足，工业在城市发展受阻，为解决这一难题，商业资本便将工业主要是纺织业生产转向农村，那里不仅有原料，还有圈地运动所产生的大量可雇用的劳动力，这些劳动力虽然仍以务农为主，但也可以适时从事这种农村家庭工业。同时，由圈地运动所致的大片集中的土地，也已经被新型农场主用作工商业来经营。换言之，传统农业已经发生分化，依附于它的手工业也不是传统手工业，而是一种向现代工业的过渡形态。这使英国社会的农业分化状态明显区别于拉美社会、

---

① 董正华：《世界现代化进程十五讲》，北京大学出版社 2009 年版，第 84 页。

苏联社会和非洲社会的农业分化不充分状态。此外，海外贸易扩张以及炼铁、烧砖瓦、造房和马车等浪费了大量木材。为发展造船和航海业，"英国政府在1558年和1581年连续颁布法令限制砍伐树木。木材外流被严厉禁止，几乎是片板不许出海……同时鼓励使用煤和焦炭做燃料来代替木材"①。随着纺织业的发展和海外市场的拓展，纺织业进步的技术需要空前加大，纺织业必须机械化。而要使纺织业机械化，就必须有冶金工业的发展，而冶铁工业的发展又必须有生产其燃料的采矿工业的发展。然而仅仅依靠文艺复兴期间匠人们所掌握的冶金和采矿方面的实用工艺是远远不够的，这种技术的需求促进了科学的发展。正如恩格斯所说，"这种需要就会比十所大学更能把科学推向前进"②。采矿和冶金的需要促进了化学和物理等科学的发展，而科学的发展又促进了采矿和冶金等工业的发展。"最初，科学从矿山和工场那里得到的东西要比矿山和工场从科学那里得到的东西多得多。在这一早期阶段，科学并不是经济生活的组成部分，对科学的利用是少量的、偶尔的。……但是，到19世纪末，形势发生了变化。科学不再处于附属地位，它已开始改造旧工业，甚至创造全新的工业"③。新的纺纱机被生产出来，为了从矿井里抽水和转动新机械的机轮，蒸汽机也被发明和改进。"到1800年，已有500台左右的瓦特蒸汽机投入使用，其中有38%的蒸汽机用于抽水，剩下的用于为纺织厂、炼铁炉、面粉厂和其他工业提供旋转式动力。"④新的纺纱机和蒸汽机增加了对钢、铁和煤的供应需求，这种需求通过冶金业和采矿业的变革和发展得到了满足。"到1800年时，英国生产的煤和铁比世界上其他地区合在一起生产的还多。"⑤纺织工业、采矿

---

① 董正华：《世界现代化进程十五讲》，北京大学出版社2009年版，第86页。

② 《马克思恩格斯文集》第10卷，人民出版社2009年版，第668页。

③ ［美］斯塔夫里阿诺斯：《全球通史》（下卷），吴象婴等译，北京大学出版社2006年版，第482页。

④ ［美］斯塔夫里阿诺斯：《全球通史》（下卷），吴象婴等译，北京大学出版社2006年版，第492页。

⑤ ［美］斯塔夫里阿诺斯：《全球通史》（下卷），吴象婴等译，北京大学出版社2006年版，第493页。

工业和冶金工业的发展引起了对新的运输技术的需求，以便运输大量工业制品、煤和矿山原料等，这就最终导致造船和铁路等交通运输领域工业和服务业的发展。随着海外贸易的发展，金融业如英格兰银行等也发展迅速。可见，英国现代化进程中产业结构的分化是很充分的，以农业为主导的产业结构逐渐分化，工业居于主导地位，金融和现代交通等服务业也迅速分化出来，就连工业内部的分化从一开始也是全面且深刻的。同时，资本主义私有制也逐渐强大起来，并取得统治地位。这种分化使分工更加细化，社会异质性增强，生产的社会化程度大幅提高。产权制度的确立，市场机制的广泛建立及其在平等原则和契约原则下的有效运行，使社会整体呈现出一种有机整合状态，经济领域生产社会秩序的附带功能有效释放出来。就经济领域自身而言，这其实是一种伴随着高分化的高整合状态，只不过这种高整合是一种有机整合。

经济领域的分化最终也必然带来政治领域和思想文化领域的分化。新旧经济因素的兴衰也必然决定代表新旧经济因素的力量的兴衰。传统的英国社会是专制社会，国王和封建贵族占统治地位，而市民阶级作为新兴的经济力量处于被统治地位，立法权、审判权和行政权几乎都集中在国王手中。但是随着资产阶级作为新兴经济力量的崛起，它必然要求获得政治权力，从而维护自身经济的利益。随着议会的功能和地位的提升，以及资产阶级在议会中逐渐取得优势，立法权才实至名归地成为政治结构中相对独立的一部分。特别是光荣革命的爆发，议会彻底战胜了国王，由习俗和传统政治中逐渐分化出来的法律在形式上也获得了至高无上的地位。"国王虽然已经成为'虚君'，但由于历史的惯性还是拥有一定的权力，在实际上与议会形成了一种微妙的'分权'机制。"[①] 而工业革命后，随着社会财富的增加和人们教育水平的提高，人们的政治参与意识更加强烈，而且参与的范围也由精英扩展到了社会底层甚至工人阶级中间。"1832年改革法案给予几乎全体中产阶级成员选举权。……1867年改革法案赋予自治市全体固定公民选举权，从而使人数众多的工人阶级第一次获得了选举

---

① 陈晓律：《世界现代化进程》（西欧卷），江苏人民出版社2012年版，第43页。

权利。"①而在思想和文化领域里，文艺复兴和启蒙运动之后，人的主体性得到了高扬，人们更加相信"进步"和"理性"，这两个概念至今仍在发挥作用。对人性解放的追求和对自由的渴望，使人们逐渐摆脱了宗教的束缚，"自基督教在欧洲获胜以来，基督教传统首次出现了明显的破裂"②。"自由放任"和"社会契约"这些口号冲击着传统的制度和习俗，并最终深入人心。人的能量得到了释放，主动性、创造性得到了发挥，自由放任主义逐渐取代重商主义并作用于经济领域，在以后的现实经济生活中，二者始终保持适度的平衡。社会契约对人民主权原则的确立以及资产阶级所拥有的立法权对专制王权的胜利，使政治领域的运作更契合剧烈经济变革的需要，并随经济领域的变革继续革新自身。这样，社会整体就呈现出一种高分化高整合的样态。

（四）高分化低整合

与低分化高整合社会相反，高分化低整合是社会结构体系分化程度比较高，不仅经济、政治、文化各领域之间而且经济、政治、文化各领域内部分化程度都相对比较充分，而与之相伴随的社会整合程度却比较低。这种社会的典型是拉美地区。我们之所以以整个拉美地区为研究对象，是因为几乎所有拉美民族国家在现代化进程中除各自所表现的差异性之外，整个地区的现代化进程具有许多共性。从社会分化与社会整合的角度考察拉美地区民族国家的现代化进程，就会发现高分化低整合是整个拉美地区的共同特征。

拉美地区的民族国家虽然独立时间不同（最早的海地 1804 年独立，最晚的圣基茨和尼维斯 1983 年独立）、现代化的程度不同（最高的巴哈马人均国民收入达一万多美元，最低的尼加拉瓜人均收入只有几百美元）、地理环境和气候条件不同，但拉美国家在现代化进程中所受到的"世界历史"因素很大，受

---

① 陈晓律：《世界现代化进程》（西欧卷），江苏人民出版社 2012 年版，第 43 页。
② ［美］斯塔夫里阿诺斯：《全球通史》（下卷），吴象婴等译，北京大学出版社 2006 年版，第 518 页。

西欧生产方式变革的冲击非常大。早在欧洲商业革命时期，即西欧冒险家时代，拉美地区就已经成为欧洲冒险家的乐园，他们靠资本、从非洲运来的奴隶以及所占据的美洲原住民的土地来攫取利润。美洲原住民的生产和生活方式在那时已经被打破。工业革命开始时，拉美地区已经是包括欧洲族裔、非洲族裔和美洲原住民的多种族地区，罗马天主教也在整个拉美扎根，文化已呈多元化，在新的生产方式的冲击下，拉美地区的社会分化显得更容易、更迅速。

就经济领域而言，拉美地区的经济发展整体上都经历了初级产品出口模式到进口替代模式再到新的外向型发展模式。早期的初级产品出口模式是对西方国家快速工业化进程的适应，进口替代模式是对 20 世纪 30 年代世界经济大危机的适应，新的外向型发展模式是对当今快速全球化的适应，经济发展表现出更为明显的依附性特征。在这个过程中，拉美地区的工业化取得了巨大进展，到 2000 年时工业产值已占全地区生产总值的 1/4。20 世纪 80 年代，巴西、墨西哥、阿根廷等国家已经跨入新兴工业化国家行列，不少国家已经步入中等收入国家行列。半封建的生产方式逐渐被资本主义生产方式所取代，农业在产业结构中所占的比重越来越小，工业、商业、旅游业和服务业逐渐居于主导地位。截至 20 世纪 80 年代末，拉美地区大多数国家工业和服务业的总就业人数均已占整个经济部门总就业人数的 55% 以上，其中，阿根廷、哥伦比亚、巴西、哥斯达黎加、智利、墨西哥、乌拉圭、委内瑞拉 8 个国家已经达到 70% 以上，而在这 70% 的份额中，工业所占份额均不超过 20%，服务业所占份额则均超过 50%。[①] 由此我们可以看出拉美地区在现代化进程中经济领域的社会分化是比较充分的，仅从工业和服务业的总就业人数来看，拉美国家似乎已经达到西方发达国家的水平。但是，这里有一个关键的问题，就是拉美国家虽然服务业的就业比重很大，但是这些服务业多是集中在城市贫民区的低端服务业，工资极低，有些甚至是临时性工作，区别于多是高端服务业、工资报酬高

---

① 联合国开发计划署：《1990 年人文发展报告》(United Nation Development Programme, Human Development Report, 1990)，牛津大学出版社 1990 年版。

的西方发达国家的服务业。之所以出现这种情况，与拉美国家发展战略有密切关系。拉美地区的土地多集中在土地寡头手中，随着初级产品出口模式的摒弃和城市化战略的推进，土地寡头的许多土地无人耕种或者被用来发展粗放型的养殖业，多数农业劳动力纷纷进入城市。同时，虽然采取过进口替代发展模式，但经济发展仍难摆脱依附型发展。特别是随着跨国公司影响的扩大，拉美地区的工业投资大多投向了资本技术密集型工业。而资本技术密集型工业对农村转移进城市的这部分劳动力的吸纳能力是很有限的，大量剩余劳动力不得不转向很低端的服务业谋取生计。因此，虽然拉美国家经济领域的分化程度不低，工业和服务业的总体比重很高，但其仍属于发展中国家。

在政治领域，整个拉美地区的分化程度也比较高，政治关系复杂，政治组织增多，政治制度也不稳定，议会民主制与威权主义军人政治交替更迭。土地寡头、军队、天主教会在政治生活中的影响力逐渐降低，工业、商业、金融领域中的精英人物的影响力日益提升，工会、农民团体、妇女团体、大学生团体等专业性组织也不断地涌现出来。公民的民主参与意识和参与程度逐步提升，整个地区已经实现至少是形式上的民主。但是，"民主的受欢迎程度在拉美事实上正在下降，……密友主义（任人唯亲）和世袭主义（家族政治）仍在广泛地流行"①，拉美政治危机不断。20世纪90年代以来，秘鲁、危地马拉两国总统曾强行解散议会，阿根廷、厄瓜多尔、玻利维亚、海地等国都出现过总统提前辞职或被中途废黜的状况。随着经济结构的分化和经济组织的增多，政治结构也不断分化，政府组织也不断增加，工业部、商业部、劳工部和安全计划部等新部门产生，教育、住房、医疗、基础设施等也有专门部门负责。在文化领域里，拉美地区的文化关系变得越来越复杂，随着新教和世俗主义的渗透，传统的天主教文化日益受到挑战。同时，自由主义、民主主义和社会主义思想的传播也对传统的威权主义和精英主义价值观念造成了巨大冲击，新的传播方式和手段的运用更是助推了这种冲击。旧信仰和价值体系受到了新的信仰和价值

---

① 韩琦：《世界现代化历程》（拉美卷），江苏人民出版社2012年版，第27页。

体系的挑战，但新的价值体系也很难完全战胜旧的价值体系。人们的日常生活中往往表现为游移不定、缺乏主见。这也是政治领域里议会民主制的文人政治与威权主义军人政治为何总是交替出现的思想根源。

可见，拉美地区政治领域和文化领域的高分化是伴随低整合的，这种低整合使得政治领域和文化领域的功能难以有效释放，政治和文化秩序很不稳定，进而影响经济健康运行。同时，低效农业经济、技术资本密集型工业、低端服务业之间并未实现有机协调，经济领域的发展不但没有充分发挥自身生产社会秩序的附带功能，恰恰相反，还带来了社会秩序尤其是城市生产生活秩序维持上的难题。

三、现代化进程中社会分化与社会整合合理性的评价标准

社会分化与社会整合的总体状况是否合理，需要一定的评价标准。只有借助一定的评价标准，才能对特定社会分化与社会整合状况作出客观准确的评价，这也是提出社会分化与社会整合对策的依据所在。笔者认为，社会分化与社会整合的总体状况是否合理，主要取决于社会分化与社会整合是否到位、适度。

（一）社会分化与社会整合到位

所谓社会分化与社会整合到位，就是指社会分化与社会整合都应该分别依据社会发展的客观规律进行，无论是对于社会分化的促进，还是对于所实施的社会整合，都应该在弄清楚重点对象领域的基础上，依据该领域在社会发展中自身的逻辑定位来推动。实际上，社会分化与整合二者往往是相互对应的，社会哪个领域分化不足，在实施社会整合时，就应该采取措施促进其适度分化；社会哪个领域分化过度，就应该依据这个领域在社会发展中的逻辑定位，重点

对这个领域进行整合；某一领域的某些更具体的因素、环节或结构分化过度，就应该依据本领域的自身发展规律对其进行整合。当然，任何整合哪怕仅仅是对某个局部或因素的整合，都应着眼于社会整体领域并依据社会发展的客观规律进行。

社会发展有自身的客观规律，社会分化也是在遵循社会发展客观规律进行，正是社会发展的客观规律决定了社会分化的客观进程。生产力和生产关系、经济基础和上层建筑的矛盾运动，推动了社会结构体系的分化。社会基本矛盾运动决定了社会各领域在社会发展中的逻辑定位，经济领域是在基础地位上起决定性作用的，经济领域的分化必然决定政治领域和文化领域的分化，而政治领域和文化领域的分化也反作用于经济领域的分化。但与此同时，社会毕竟是人的实践活动的产物，社会结构体系的发展同样为社会主体留下了可供选择的空间，这就为社会主体针对社会分化不充分的具体领域发挥作用创造了条件。社会主体可以采取各种手段促进具体领域的分化，但是其前提是必须依据该层次领域在社会发展中的逻辑定位及其自身规律合理进行。比如，某一社会某一时期，经济领域分化不充分，那么在运用各种手段促进经济领域的分化时，就应该充分考虑到经济领域对于政治领域和文化领域的决定作用以及经济领域的自身运行规律。不能忽视经济领域的这种逻辑定位，更不能把本应该主要针对促进经济领域分化的手段和措施错置于政治领域和文化领域，或者干脆错误地把政治领域和文化领域当作促进分化的对象。就社会整合而言，也是同样的道理。社会整合主体必须针对社会过度分化或分化错位的状况，准确判定社会整合的重点领域或重要因素和环节，并根据该重点领域或重要因素和环节的逻辑定位运用各种手段进行有效整合。一旦弄错了重点整合对象或者用错了主要的整合手段，就会导致社会整合的错位和失败。比如，本该重点整合的是经济领域，反而错置于政治领域或文化领域；或者本该运用经济手段，却使用了政治手段，这都会造成无效甚至有害的社会整合。

需要说明的是，我们只是在分别讨论社会分化与社会整合时，才把促进社会分化与社会整合单独来讨论，其实，当把分化与整合作为整体一起探讨时，促进社会分化、阻止社会过度分化、纠正社会分化错位等也是社会整合需要解决的问题。社会分化与整合存在问题的根源从根本上来讲是因为社会各领域或环节的发展不协调，弄清楚究竟是哪个领域或哪个环节出了问题绝非易事。同时，导致社会发展缓慢或者社会秩序混乱、社会发展受阻的现实因素是多种多样的，哪些因素应是首先重点解决的、哪些因素是可以慢慢解决的，由于社会历史条件和人的认识能力非至上性的限制，对这些因素的准确区分并不那么容易。社会整合主体必须对此慎重把握，以确保在具体整合手段和整合对象的选择上精准、到位。

（二）社会分化与整合适度

所谓社会分化与社会整合适度，是指无论社会分化还是社会整合都必须依据社会发展的客观规律适度进行，任何领域、因素、环节的分化不足和分化过度，或者整合不足和整合过度，都会对社会发展造成影响。

诚然，在人类社会发展中，社会分化适度与否具有相对性。相比而言，离我们越早的历史时期，社会分化的程度就越低。但我们这里所说的社会分化不是上述意义上即纯粹历时态比较下的社会分化，而是指在社会发展的特定阶段，本来按照生产力的发展要求，社会某些领域的分化程度应该达到相应的状态，但由于种种因素，这些领域的分化程度并未达到生产力发展的相应要求，从而呈现出滞后状态，不能和社会其他领域的发展相协调，成为社会发展领域的短板。社会的各个基本领域以及某个社会要素或环节都有可能成为这种发展短板，对此社会主体需要采取的措施就是要运用相应的手段促进这些领域或环节的适度分化，使其与生产力发展水平相适应，与社会其他领域的发展程度相协调。

社会分化过度则刚好与之相反，是指社会某些领域的分化程度超出了生产力发展的客观要求，致使不能和社会其他领域相适应的状态。社会分化过度通常比社会分化不足具有更严重的社会后果。社会分化不足一般会导致社会发展速度缓慢，而社会分化过度则导致社会发展的断裂，危及社会秩序，造成激烈的社会矛盾和冲突。比如，经济领域的过度分化，会导致社会成员在各个产业中所处的位置差异和岗位差异。这种差异过大，就会使社会成员的经济收入差距过大，导致严重的贫富差距，从而为社会冲突埋下隐患。而政治领域和文化领域的过度分化，则更容易直接导致社会无序和多元价值冲突，从而直接使社会秩序遭到严重冲击。也就是说，社会基本领域中任何一个领域分化过度，都会首先使社会各领域发展不协调，从而影响社会发展。更为严重的是，社会分化过度还会危及社会运行的基本秩序，引起社会无序和混乱，对此社会主体必须高度重视。

社会分化需要适度进行，社会整合同样需要适度进行。社会整合的程度一方面需要与社会发展阶段相适应，另一方面应与社会分化的程度相适应。一般而言，社会分化程度低，社会整合的程度也相应较低；反之，社会分化程度高，社会整合的程度也相应较高，否则就无法满足社会分化的整合需要，也无法使整个社会结构体系协调运转。

总之，社会分化与整合合理性的评价标准，就是社会分化与整合不仅必须到位，而且社会分化与整合一定要适度，只有这样，才能做到社会结构体系的协调运转，促进人的自由全面发展。

第五章　当代中国的社会分化与社会整合

在以上各章节中，我们用逻辑的方法对现代化进程中社会整体领域的分化与整合进行了总体性分析、反思和阐释，从而为回到当代中国的现实，继续探讨和解决当代中国的社会分化与社会整合问题提供了理论前提。本章我们将在分析当代中国社会分化与社会整合面临问题的基础上，提出相应对策。

一、当代中国社会分化与社会整合面临的问题及成因分析

当代中国社会分化与社会整合总体来讲是在有条不紊进行的，但是社会分化与社会整合仍然存在诸多问题。挖掘和剖析这些问题，深入分析这些问题的成因，是进一步解决问题的关键。我们可以分别从社会分化和社会整合两个方面来分析当前中国所存在的问题。

（一）当代中国社会分化存在的问题及成因

当代中国社会分化存在的问题主要表现在经济、政治、文化三大领域内。第一，经济领域的社会分化不足，主要表现在产业结构分化的广度和深度

还不够，市场的功能尚未完全发挥出来。不同社会成员被分配到不同的产业部门和不同的企业机构，由于不同产业部门和不同企业机构的盈利能力不同，社会成员个人收入就会有很大差异。也就是说，社会成员之间收入的差异，实际上是因为他们所在的产业部门和企业机构间的差异造成的。目前，我们的产业结构仍在快速分化，农业的工业因素不断增加，工业所占的比重迅速提升，与工业化紧密相关的第三产业发展迅猛。分属这些不同产业的社会成员由于产业盈利能力不同在收入上出现很大差距。一般来说，工业比农业的盈利能力要强，因此在工业部门工作的社会成员就比在农业部门工作的社会成员的收入要高。即使在同一种产业内部，不同企业的盈利能力也不同。如果社会内部盈利高的产业或企业机构所占比重过小，社会成员就会大量集中在盈利能力低的产业或者企业机构，而少部分成员则集中在盈利能力高的产业或企业机构。也就是说，现代化进程启动之始，社会成员的收入差距就出现了，工业化的程度与社会成员收入差距的程度应该是成反比的。盈利能力强的工业及第三产业从原来的产业结构中分化出来得越快、规模越大，盈利能力强的企业机构越多，社会成员就会被投放其中，社会成员整体的收入差距就会缩小。目前，我国社会成员收入差距较大，这与产业结构分化的程度不够是密切相关的。总体来讲，当前中国第二产业发展尤为迅速，经济发展主要依靠第二产业带动，第三产业发展相对滞后。同时，农业的发展方式仍然比较落后。即使在发展迅速的第二产业中，能生产具有国际竞争力的高技术高附加值产品的优质企业并不多见，而以低附加值、高能耗、低技术、劳动密集型为主的外向型企业的发展已很难持续。在第三产业中，为第一、二产业服务的生产性服务业以及诸如网络通信、远程教育、电子商务、信息传输、软件业、金融保险业等现代服务业的发展程度依然不高。农业的现代技术因素更是不容乐观，亟待实现发展方式的整体转变。就企业总体状况而言，大中型企业的核心竞争力有待提升；科技型小微企业较少，多数小微企业盈利能力低下。

与此同等重要的是，市场的功能尚未被充分发挥出来。现代化的实现与市场功能的发挥密不可分，如果说在传统社会里市场仅仅是指商品交换的场所的话，现代的市场其实远远超过了所指的商品交换场所，而应该是指包括商品生产者、经营者和消费者之间全部交换关系的总和。除商品和劳务市场外，市场还应该包括资本、土地、技术、信息等要素市场。这些要素市场目前在中国发育尚不成熟。市场要想充分发挥自身功能必须具备自身借以发挥功能的机制，市场机制是指"市场的自动调节的运行机制，即在平等竞争的条件下，依据市场供求关系通过市场价格的涨落达到对资源的有效配置的机制"①。市场之所以能够成为资源配置的手段，甚至发挥资源配置的决定性作用，使经济运行富有活力，所凭借的正是市场机制有效发挥作用。市场机制的优点是能够最大限度地调动人们的主动性和创造性。它鼓励通过市场竞争实现个人利益，促使市场主体通过自主选择、供需法则、等价交换，达到社会资源的合理配置。而市场机制有效发挥作用的前提恰恰是产权明晰，目前我国要素市场发育不成熟、产权不明晰情况依然存在、合理价格机制仍需进一步形成，这些都会大大影响市场机制的有效运作。正如习近平同志所指出的，"制约科学发展的体制机制障碍不少集中在经济领域，经济体制改革任务远远没有完成，经济体制改革的潜力还没有充分释放出来"②。"市场体系仍不健全，市场发育还不充分，政府和市场的关系尚未完全理顺。"③ 限制进一步释放经济体制改革的潜力和市场在资源配置中作用的，实质上主要是指政府职能的协同转变不到位，政府需要进一步把应该由市场承担的职能交给市场来承担。

第二，在政治领域，当代中国社会分化在以下两个方面有待提高。一方面，政治领域的某些应该分离出来的功能仍然没有分离出来，社会其他领域仍然很难充分按照自身在社会结构体系中的逻辑定位发展自身。改革开放以来，

① 漆向东：《市场、市场机制、市场经济体制辨析》，《信阳师范学院学报》（哲学社会科学版）1995 年第 3 期。

② 中共中央文献研究室：《十八大以来重要文献选编》（上），中央文献出版社 2014 年版，第 550 页。

③ 习近平：《关于〈中共中央关于进一步全面深化改革、推进中国式现代化的决定〉的说明》，《人民日报》2024 年 7 月 22 日第 1 版。

政治领域对社会其他领域的强制功能虽然大为减弱，其他社会领域的功能得到了巨大释放，特别是经济领域，随着社会主义市场经济体制的逐步建立，市场的功能得到了很大程度的发挥。但是，市场对资源配置的决定性作用仍然有待增强，政府既当裁判员又当运动员的现象并没有完全消除。诸如许多不合理的行政审批事项仍未取消从而无法为市场松绑，一些应该由市场来承担并且只有市场能够完成的事务，政府仍然越位承担。这些都充分表明，政治领域的某些功能、政府的某些职能的界定还没能完全契合市场经济的发展，致使社会其他领域的发展同样受到一定程度的限制。

另一方面，社会主义民主政治建设也需要进一步完善。我国正处于现代化的关键阶段，新的利益主体不断涌现，利益诉求更加复杂多样，这就要求政治吸纳能力必须能够满足新的利益主体的参与需求，政治参与渠道必须能够适应利益表达需要，为此应当进一步加强社会主义民主政治建设，保障和拓宽社会成员合法有序政治参与。

第三，文化领域的分化不足，主要表现在传统文化分化不足，法治意识及其所蕴含的现代文化因素还没有很好地生长起来。法治意识是现代文化的重要体现，因为不仅法治意识本身是现代文化因素，而且法治意识还蕴含着自由意识、平等意识、权利和义务意识、民主意识、规则意识等现代文化因素。在这个意义上，可以说法治意识和法治精神是现代文化的代表性因素。而当代中国社会的法治意识并没能从传统文化中很好地分化并生长出来，最直接的原因是由于社会成员的法治意识匮乏。而社会成员的法治意识之所以匮乏，又是由于现代化进程中文化领域传统文化的分化不足造成的，传统文化的分化不足，使法治意识及其所蕴含的现代文化因素很难生长出来。那么造成传统文化分化不足的因素又是什么呢？

首先，传统小农经济和自然经济形成的消极影响仍未完全消除，从而阻碍了传统文化的合理分化和法治意识的生长。在小农经济和自然经济下，人们一般生活在血缘、地缘共同体中，由于物质交往普遍性未能得以有效建立，交换中的自由、平等意识便很难建立。与之相关，社会成员的权利意识也就很难生成，权利意识生成上的困难进而导致人的法治意识难以生长。当今中国虽然普遍的联系已经在全社会范围内被建立，但是广大农村地区小农经济和自然经济形成的影响仍然很严重；同时，城市内部的各种地缘、学缘、业缘等共同体仍具有传统共同体的痕迹。这种状况阻碍了传统文化的合理分化和法治意识等各种现代文化因素的生长。

其次，传统社会人治因素的影响依然存在，严重阻碍了法治意识及其所蕴含的现代文化因素的生长。虽然传统社会也有法制，甚至可以是颇为完备的法制，但这种法制只是一种统治工具和手段，而且统治者的权力是凌驾于法制之上的。也就是说，是"权大于法"。这就使传统社会呈现出一种人治特征。这与传统社会的技术和经济形式在一定程度上是相适应的。① 另外，中国的传统社会还是一种"熟人"社会。费孝通先生把中国的传统社会称为乡土社会。他认为，"乡土社会的一个特点就是这种社会的人是在熟人里长大的"②，人们做什么事情都要找熟人，因为"乡土社会里从熟悉得到信任"③。随着小农经济和自然经济形式的解体以及市场经济的确立和交往范围的扩展，人治因素或者"权大于法"以及"熟人"关系这种现象应该退出历史舞台，否则，就会阻碍传统文化的合理分化，影响法治意识及其所蕴含的现代文化因素的生长。当代中国社会"权大于法"以及"熟人"关系依然在一定范围内存在。而"熟人"关系与缺少制约的权力的交互作用又会进一步导致各种违法和违规行为的发生，使落后的传统意识蔓延，进而抑制法治意识的孕育生长。"这种特殊关系如果与缺少制约的权力结合在一起，就会不可避免地导致种种徇私舞弊的恶劣现象出现。而传统社会中那种漠视和拒斥规则的落后意识，就在这种惬意的环境中理所当然地继续流行，甚至变本加厉地恶性膨胀起来。"④ 这样，"法律面前人人平等""法律至上""权力来源于法律"等法

① 贾高建：《拒斥与冲突：社会现代化进程中的规则建构》，《哲学研究》2011年第8期。
② 费孝通：《乡土中国》，外语教学与研究出版社2012年版，第19页。
③ 费孝通：《乡土中国》，外语教学与研究出版社2012年版，第11页。
④ 贾高建：《拒斥与冲突：社会现代化进程中的规则建构》，《哲学研究》2011年第8期。

治观念也就很难从传统文化中快速培育和生成出来，进而影响整个现代文化的生成。

最后，法律权威的维护不够充分，法治意识的宣传教育还不十分到位，这也使得法治意识很难冲破传统意识的束缚而快速生长。无论是传统社会对君主的权威或者现代社会对法律的至上权威，要形成一种强烈的意识并内化于心，首先必须经历对权威的服从，然后经由认同并反复强化这种认同，最终达到对权威的信赖。而法治意识就是人们对法律至上权威的一种服从、认同、信赖的感情和倾向。第一个环节是服从，在服从环节，人们之所以服从，主要是因为人们对违反法律所带来的惩罚后果的畏惧。第二个环节是认同，人们之所以认同法治，是因为法治能够给人们带来良好的秩序，使权利和义务得到合理规范，保证平等公正，这时人们才会敬重法律。当这种认同一再被强化，就会自然进入第三个环节，即对法律产生信任和依赖，从而将法治意识内化于心。但是，由于立法有时存在某种程度的滞后，无法可依、执法不严和司法腐败现象依然存在，这在很大程度上影响了社会成员对法律的服从、认同和信赖，从而很难使法治意识内化于心。此外，由于发展的不平衡，不同社会成员的素质差异明显，特别是不少社会成员的法治素质仍有待提高，再加上我们的法治宣传教育需要进一步推进，良好的法治环境需要进一步营造，这些都会影响法治意识的培育和生长。

（二）当代中国社会整合存在的问题及成因

当代中国社会整合存在的问题同样表现在经济、政治、文化三大领域里。

第一，在经济领域里，政府与市场关系需要进一步理顺，城乡经济关系、区域经济关系需要进一步协调。就政府与市场的关系而言，两者之间的关系需要进一步理顺。理顺政府与市场的关系，就是既要使市场充分发挥自身功能，也要使政府应该承担的职能得到充分履行。正如习近平同志所指出的，"坚持社会主义市场经济改革方向，核心问题是处理好政府和市场的关系，使市场在资源配置中起决定性作用和更好发挥政府作用"①。这个"核心问题"也是经济体制改革的核心问题。当前,"虽然我国社会主义市场经济体制已经初步建立,但市场体系还不健全,市场发育还不充分,特别是政府和市场关系还没有理顺,市场在资源配置中的作用有效发挥受到诸多制约,实现党的十八大提出的加快完善社会主义市场经济体制的战略任务还需要付出艰苦努力"②。理顺政府与市场关系也就成为经济领域整合的关键问题,对此必须努力加以解决。

当前,中国城乡经济关系的不协调,主要表现在城乡二元经济结构上。自从城市诞生以来,城市与农村就作为同一个社会结构体系内部的两个相对独立而又相互联结的子系统而存在,每一个子系统的结构都具有相应的完整性,即都具有自身的经济、政治、文化等基本领域和其他领域。③换言之,无论在经济领域、政治领域、文化领域等社会基本领域,还是在其他社会领域,城市和农村都是相互区别而存在的。就经济领域而言,传统社会里,农村与城市的经济结构虽然有差别,但无论城市还是农村,发展的最终依靠都是农业,因为城市的手工业、商业和农村的手工业、商业一样,都是农业的依附产业。也就是说,农业的发展构成了城市和农村手工业、商业发展的限度,这种状况就决定了从经济领域来看,城市与农村的差别是很有限的。但是,随着城市工商业的发展,尤其是机器大工业的发展,城市与农村在经济领域逐渐分离,其结果是城市进入新的历史发展阶段,而农村在相当长的时间内仍然滞留在先前的发展阶段。当前,我国的城乡经济关系状况总体上即是如此。

与城乡经济领域分化状况相类似的,还有区域经济需要进一步协调。就整个中国的发展状况而言,存在东、中、西三种区分。这种区分不仅体现在地理坐标上,而且体现在发展程度上,其中东部和西部的差距是巨大的。这种差距

---

① 中共中央文献研究室:《十八大以来重要文献选编》(上),中央文献出版社 2014 年版,第551 页。

② 中共中央文献研究室:《十八大以来重要文献选编》(上),中央文献出版社 2014 年版,第551 页。

③ 贾高建:《社会整体视野中的城乡关系问题》,《中共中央党校学报》2007 年第 2 期。

体现在包括经济领域的社会整体领域。就经济领域而言，传统社会由于农业是社会发展的主要支撑，区域经济之间虽然由于自然禀赋不同而各有特点或差异，但在整体上区域经济之间的差距并不大。但是随着现代化进程的推进，如今东部一些地区的工业化已经发展到了比较高的水平，而中西部地区特别是西部地区要想达到这种水平，还有相当长的路要走。当然，城乡关系与区域关系是相互交织的，城乡关系是镶嵌在不同的区域关系中的，每个区域包含不同的具体的城乡关系。而我们在这里把城乡关系和区域关系相对区分开来进行研究，是为了更容易弄清楚当代中国城乡关系和区域关系的现状。

实质上，城乡之间这种二元经济结构局面，从单方面来看，仍然主要是由农村和城市的产业结构分化不足和市场功能没有很好发挥造成的。目前，中国农村仍然是以农业为主、工业和第三产业为辅的产业结构，与传统社会相比，并没有发生太大的变化。城市对农村的带动作用、工业对农业的带动作用还没有充分发挥出来。不仅农村中的工业没有明显的生长和发展，农业中的工业技术因素的增加也很缓慢。同时，由于土地政策和农产品收购政策的影响，农村内部的市场化程度比较低，新的价格机制的形成仍有瓶颈需要突破，这就使农村的发展很难有所突破。农村内部的社会成员，一方面，因为缺乏内部工业发展而很难在农村选择盈利能力强的工业部门及企业机构来获得更高收入；另一方面，由于农业的盈利能力本身较弱加上土地政策和农产品收购政策等各种政策因素的影响，市场功能没有充分发挥出来，农民收入更是很难得到提高，这就在总体上加剧了农村的相对贫困。同时，城市虽然以工业和第三产业为主，但工业和第三产业里盈利能力强的企业机构并未大量生长和分化出来，这一方面使城市内部社会成员不得不仍然滞留在盈利能力弱的企业机构，另一方面正是这种滞留延缓了城市对农村剩余劳动力的吸纳能力。加之户籍政策和城市就业政策的影响，农村社会成员的流动性大幅降低，这就很难使城乡经济协调发展。同时，当前农村的基础设施建设、医疗、教育、卫生等公共服务方面和城市相比差距仍然较大，这会进一步促使城乡经济方面的差距拉大，加剧城乡经济关系的不协调。此外，我国城镇化体制机制仍需进一步完善。要协调好城乡经济关系，一些制约因素是必须予以解决的。为此，《中共中央关于全面深化改革若干重大问题的决定》进一步提出，要加快构建新型农业经济体系，赋予农民更多财产权利，推进城乡要素平等交换和公共资源均衡配置，完善城镇化健康发展体制机制，推进城市建设管理创新，推进农业转移人口市民化，逐步把符合条件的农业转移人口转为城镇居民等。①

同样的道理，西部和东部之间在经济领域的不协调，除政策因素外，从单方面来看，也主要是西部和东部的产业结构分化不足和市场功能没有充分发挥造成的。西部地区产业结构亟待加速分化，特别是西部农村产业结构还是十分落后的，工业所占比重很小。即使在少数城市，工业所占比例较大，但从西部地区总体来看，所占比例仍然很小。况且这些工业中许多企业是劳动密集型的企业，对城市发展的带动作用并不十分显著，西部地区工业和城市对农业和农村的带动作用有限。同时，由于工业发展缓慢和地理环境等因素，市场对于资源配置的功能也受到诸多限制，这就从总体上导致西部的相对落后，使西部某些地区仍然滞留在欠发达阶段。就东部地区而言，东部地区整体上发展明显优于西部，但是东部地区产业结构的分化也没有达到充分的程度。这不仅体现在东部农村和农业的工业技术因素还有待提升，而且体现在东部城市发展并不均衡，某些城市的产业结构仍然有待进一步分化和重组。这一方面导致东部地区内部社会成员收入上的差距，另一方面正是这种差距导致东部先进的产业和优秀的企业机构很难向西部转移。同时，由于地理优势和条块分割等因素的影响，西部地区所能承接的大多是东部地区淘汰的落后的产能。东部地区和西部地区差距的扩大，是这些综合因素的结果，这种差距阻碍了东部和西部地区经济关系的协调发展。协调区域发展因而与协调城乡发展一样，成为经济领域整合必须解决的问题。正如党的十八大报告所指出的，"国家要加大对农村和中西部地区扶持力度，支持这些地区加快改革开放、增强发展能力、改善人民

---

① 中共中央文献研究室：《十八大以来重要文献选编》（上），中央文献出版社2014年版，第523—525页。

生活"①。

第二，在政治领域里，党的权威需要进一步加强，立法机构、行政机构、司法机构三者之间的功能需要规范、协调，中央和地方的关系需要进一步规范、调整。中国共产党是社会主义事业的领导核心，党的领导是中国特色社会主义制度的最大优势，这一点是已经被历史和现实实践所证明的。在阶级社会和向无阶级社会过渡的社会里，政治权威的作用是不可或缺的，社会转型时期更加需要权威，东西方社会都概莫能外。尤其是在新的历史条件下，在中国特色社会主义发展的新阶段，在现代化建设攻坚克难的历史节点，对于一个具有绵延五千年中华民族传统文化的后发现代化大国而言，政治权威的作用更加凸显。没有权威只能导致社会的一盘散沙，"一方面是一定的权威，不管它是怎样形成的，另一方面是一定的服从，这两者都是我们所必需的，而不管社会组织以及生产和产品流通赖以进行的物质条件是怎样的"②。必须先有权威，然后才能对它加以限制。中国共产党权威的形成是基于历史和人民选择的。但是，党现在拥有权威，不等于永远拥有权威，要想使党永远拥有权威，就必须不断加强和改善党的领导。

就立法机构、行政机构、司法机构三者之间的功能而言，由于现代化进程中，需要政府充分发挥对经济的积极作用，行政权力的膨胀现象在各个国家都是存在的，只不过程度轻重不同而已。立法机构和司法机构的功能发挥也因此都在一定程度上受到影响。我们国家当然也不例外。同时，由于历史惯性和文化传统等因素的影响，我们国家的行政权力更为强大。再者，从权力特点来看，和立法权相比，行政权是一种执行权；和司法权具有一定的被动性质相比，行政权力不仅是一种主动的执行权，还有自由裁量权。这就使行政权力的行使不仅影响最为直接广泛，而且易于越位或被滥用，从而造成对立法特别是司法权的不当干预。这种行政权力被滥用和越位现象在我们国家仍然是存在

①　中共中央文献研究室：《十八大以来重要文献选编》（上），中央文献出版社2014年版，第550页。

②　《马克思恩格斯文集》第3卷，人民出版社2009年版，第337页。

的。这就要求必须一方面规范行政权力的运行，另一方面充分发挥立法机构和司法机构的功能，从而使立法机构、行政机构、司法机构三者之间的功能发挥更加规范和协调。

就中央与地方的关系而言，通过关于立法体制、经济管理体制、行政管理体制、干部人事制度等一系列由中央主导的改革，中央向地方部分地下放了诸如立法权、经济管理权、财政自主权、干部人事任免权等，这在很大程度上调动了地方积极性。但是，随着全面深化改革的逐步进行，中央和地方的关系还需要进一步协调。中央权威需要加强，从而确保中央政令畅通；同时，地方政府贴近基层的优势也需要进一步发挥，中央需要进一步下放该下放的权力，地方各级权力的下放也需要避免"错放、乱放、空放"现象。上下联动，理顺中央与地方的关系，充分发挥中央和地方的积极性，还需要付出很大努力。

第三，在文化领域里，传统文化的现代性转化需要加大力度，文化的一元主导与多样共存需要进一步协调、马克思主义的大众化仍需进一步推进。首先，传统文化的现代性转化需要加大力度。"文化是民族的血脉，是人民的精神家园。"[1]中国传统文化是中华民族的社会遗传密码，蕴含了中华民族的思想根基、精神气质和精神追求。但是，自中国现代化进程启动至辛亥革命，文化领域并未引起当时人们的特别关注。一直到五四前后，中国的知识分子才真正展开对中国文化的深层反思。改革开放后，特别是20世纪90年代前后，随着西方现代主义和后现代主义文化的传入，不少人更是陷入一种颇为纠结的文化矛盾中。所有这些因素都阻碍了传统文化的现代性转换。

当前，我们非常重视传统文化的学习及其现代性转化，一直倡导学习传统文化，对传统文化进行创造性转化、创新性发展，社会上也出现了"国学热"。但是，我国传统文化的现代性转化效果仍待提升。造成这种状况的原因是多方面的。一方面，人们对于现代文化究竟是什么样的、究竟应该生成怎样的现代文化和如何生成现代文化在认识上存在模糊性。这种认识上的模糊性使人们面

---

① 中共中央文献研究室：《十八大以来重要文献选编》(上)，中央文献出版社2014年版，第24页。

对传统文化与现代文化的矛盾无所适从，对待传统文化的态度也很不一致，或者干脆秉持一种随波逐流的心态。另一方面，现代化进程所推动的工业化和市场化的发展，使不少人更多地关心物质享受，忽视精神追求。这就使更加注重精神追求的中国传统文化失去了它本身所具有的独特魅力和吸引力。此外，我们对传统文化的重视程度需要进一步加强。传统文化中诸如封建迷信、伦理纲常、拉帮结派等封建主义因素应该被摒弃，但是传统文化中的精华成分应该被很好地继承和发展。而在过去很长一段历史时期，我们并没有对传统文化中精华成分的继承和发展给予充分重视，从而使传统文化的继承和发展缺乏足够的推力。由于缺乏足够的推力，当前中小学阶段的传统文化教育非常薄弱，大学阶段几乎没有传统文化教育。而社会上的"国学热"所催生的各种国学培训等，也由于盈利动机、师资力量不足、监督不到位等因素，鱼龙混杂难以达到预期的教育效果。这些综合因素导致传统文化的现代性转化的乏力，为此我们必须采取措施，大力推进传统文化的创造性转化和创新性发展，使中华文明生生不息。

其次，文化的一元主导与多样共存需要进一步协调。任何文化本身都应该是一元性与多样性的统一。无论是在传统社会相对封闭的状况下，还是在现代化进程中"世界历史"因素的影响下，单一民族国家内部的文化都是一元主导与多样共存的统一。只不过在后一种状态下，文化的一元性与多样性的协调和统一面临的挑战更大。当代中国的主导文化是马克思主义指导思想、中国特色社会主义共同理想、以爱国主义为核心的民族精神、以改革创新为核心的时代精神的有机统一。而文化的多样性则主要体现在西方文化在中国的传播，西方文化的本身特点就是多元的，它在中国传播和蔓延就会使中国文化呈现出多样化态势。

最后，马克思主义的大众化仍需进一步推进。社会主义文化主要是以马克思主义为指导的先进文化，马克思主义大众化对于社会主义文化建设至关重要。马克思主义为人们提供智力支持和精神动力，不仅能满足人们的现实需要，还能满足人们的信仰需要。

除上述社会整体领域的分化与整合存在的问题外，当前我国促进社会分化与加强社会整合所面临的条件也需进一步改善。这主要体现在社会成员的素质和能力需要进一步提升，党的建设需要进一步改善和加强，良好的国际关系和资源环境条件需要进一步营造。以社会成员的素质和能力为例，现代化进程越往前推进，就越需要整体社会成员的更高的素质和能力与之相适应。由于社会特定历史发展阶段的限制，特别是社会结构体系发展状况对社会成员发展状况的制约，中国社会成员的素质和能力的发展还不是很全面很平衡。

此外，需要注意的是当代中国社会分化与社会整合存在的问题有其特殊性。现代化进程中会出现序间状态，从而影响社会的合理分化与整合，进而影响社会发展。但当前中国的社会分化与社会整合存在问题的成因除具有这种共性外，还具有一定的特殊性，就是"中国社会正在经历一种独特的双重转型"①。贾高建教授认为，所谓双重转型，是指"经济社会形态视角内的社会主义模式重构或模式转换即计划经济模式向市场经济模式的转变，技术社会形态内的社会现代化即农业社会向工业社会和信息社会的转变"②。这两种转型相互联结、相互交织，并存于当代中国社会发展实践中，"形成了一种双重转型的特殊组合"③。"之所以特殊，是因为经典意义的社会现代化亦即技术社会形态视角内的农业社会向工业社会的转型，在历史上通常是与经济社会形态视角内封建社会向资本主义社会的过渡相联结，并在资本主义条件下完成的；而中国由于特殊的历史原因没有经历资本主义充分发展阶段，是在半殖民地半封建的基础上，经过新民主主义进入到社会主义，这样从农业社会向工业社会转型的历史任务也就自然延伸到社会主义阶段上，在社会主义条件下加以完成。"④这种判断和认识是十分科学的，深刻地揭示了当代中国社会转型的特殊性以及这种双重转型的统一性。就社会分化与社会整合的角度而言，同样折射出当代

---

① 贾高建：《社会发展理论与社会发展战略》，中共中央党校出版社 2005 年版，第 139 页。

② 贾高建：《社会发展理论与社会发展战略》，中共中央党校出版社 2005 年版，第 141 页。

③ 贾高建：《社会发展理论与社会发展战略》，中共中央党校出版社 2005 年版，第 141 页。

④ 贾高建：《社会发展理论与社会发展战略》，中共中央党校出版社 2005 年版，第 141 页。

中国社会分化与社会整合所面临的复杂境遇。

二、当代中国社会分化与社会整合的对策思考

对于当代中国社会分化与社会整合的状况，必须采取相应的对策。具体来讲，就是在创造社会合理分化与整合的良好条件的同时，依据社会各领域在整个社会结构体系中的逻辑定位，对于社会各领域分化不足的地方，采取措施促进其合理分化；而对于社会各领域存在的不协调地方，采取措施对其加以整合，从而使社会各领域以及整个社会结构体系高效协调运转。

（一）促进合理分化

针对经济领域和政治领域存在的分化不足状况，应该采取措施促进其合理分化。

第一，促进经济领域的合理分化，必须在两个方面下功夫：

首先，促进产业结构的合理分化，推进产业结构优化升级，提升企业竞争力。必须加速产业内部分化，加快传统产业转型升级，大力发展高新技术产业和现代服务业。必须增加科技投入，着力加大对先进技术的研究和引进，不断加强自主科技创新，加速各产业内部分化和整个产业结构体系不断向高技术化、高集约化、高附加值化转变。以高新技术产业引领新兴产业不断涌现，带动传统产业不断改造、更新、提升，推动战略性新兴产业、先进制造业健康发展。服务业具有吸纳劳动力能力强的优势，特别是随着一、二次产业的转型升级导致的剩余劳动力的不断增加，需要大力发展服务业，必须加速服务业内部分化，促进各种现代服务业企业不断涌现。要加快推进我国的现代服务业以仓储、交通运输和邮电业为主向以网络通信、软件业、金融保险业为主转变。同时，还要改变农业发展方式，促进农业内部分化，加快发展现代农业，增强农

业综合生产能力。这样，就能够打破原有相对落后产业结构状况，实现经济发展从主要依靠第二产业带动向依靠第一、第二、第三产业协同带动转变。此外，企业是真正的经营主体和创新主体，必须采取措施加快市场主体分化出来的速度，促进大中小微企业不断涌现，鼓励企业进行技术创新，提升大中型企业的核心竞争力，大力支持科技型小微企业发展。

加速产业和企业的不断分化、优化升级，一定要有利于经济发展方式的转变。运用鼓励性和惩罚性措施促使产业和企业做出符合经济发展方式转变的决策，使经济发展更多依靠科技进步、劳动者素质提高、管理创新驱动，更多依靠节约资源和循环经济推动。

其次，完善产权制度，积极培育要素市场，健全市场体系，使市场的功能充分发挥出来。必须建立归属清晰、权责明确、保护严格、流转顺畅的现代产权制度，公有制经济和非公有制经济的财产权同样不可侵犯。各种所有制经济同样受到法律保护。公有制经济和非公有制经济依法公开公平公正参与市场竞争，依法平等使用生产要素。在保护产权的基础上，要以管资本为主加强国有资产监管，要使国有资本更多投向关系国民经济命脉和国家安全的关键行业领域，以发展战略性产业、支持科技进步、提供公共服务、保障国家安全等。这有利于其他领域非公有制经济更快发展，有利于公平市场竞争环境的进一步形成。

必须进一步推进完善市场决定价格机制，积极培育资本、土地、技术、信息等要素市场。资本不仅关系到金融市场体系的建立，而且关系到各个行业领域；土地不仅关系到整个城乡用地市场，也关系到整个经济领域；技术、信息等同样不仅关系到技术创新市场，也关系到整个经济领域；这些要素如果不能由市场决定其价格，健全的市场机制就很难形成，市场的功能就难以得到有效发挥。要进一步推进农产品的价格形成机制。推进水、石油、电力、电信等领域价格改革，逐步放开竞争性环节价格。此外，还要反对地方保护，清理和废除妨碍全国统一市场的各种规定和做法。反对垄断和不正当竞争，维护公平竞争的市场环境。

《中共中央关于全面深化改革若干重大问题的决定》指出，"建设统一开放、竞争有序的市场体系，是使市场在资源配置中起决定性作用的基础。必须加快形成企业自主经营、公平竞争，消费者自由选择、自主消费，商品和要素自由流动、平等交换的现代市场体系，着力清除市场壁垒，提高资源配置效率和公平性"①。这不仅体现了"建设统一开放、竞争有序的市场体系"的重要性，也是首次提出市场在资源配置中起"决定性作用"。由"基础性作用"到"决定性作用"的这种转变，足见市场功能充分发挥的重要性及对进一步发挥市场功能的高度重视。同时，只有明晰和加强产权保护，积极培育要素市场，健全市场体系，促进公平竞争，市场的功能才会充分发挥出来。

第二，促进政治领域的合理分化。一方面要推进拓展有序政治参与；另一方面要转变政府职能，把政府不应该承担的职能分离出去。

首先，拓展有序政治参与，坚定不移走中国特色社会主义政治发展道路。"坚持人民主体地位，充分体现人民意志、保障人民权益、激发人民创造力。""坚持和完善我国根本政治制度、基本政治制度、重要政治制度，拓展民主渠道，丰富民主形式，确保人民依法通过各种途径和形式管理国家事务、管理经济和文化事务，管理社会事务。"②必须推进政治体制改革，为拓展理性且有序政治参与提供足够的政治制度资源。

要不断推进人民代表大会制度建设，完善人民代表产生机制，充分发挥人民代表作用，及时回应人民关切。在人大设立联络机构，进一步加强人大常委会同人大代表的联系。健全代表联系群众制度，充分利用网络等新兴传媒技术，通过多种形式密切代表同人民群众的联系。在立法方面，也要通过座谈、听证、评估、公布法律草案等多种形式，扩大公民合法有效参与。

要逐步完善社会主义协商民主制度，拓展公民有序政治参与。《中共中央

---

① 中共中央文献研究室：《十八大以来重要文献选编》（上），中央文献出版社 2014 年版，第517 页。

② 习近平：《高举中国特色社会主义伟大旗帜　为全面建设社会主义现代化国家而团结奋斗》，《求是》2022 年第 21 期。

关于全面深化改革若干重大问题的决定》指出，"协商民主是我国社会主义民主政治的特有形式和独特优势，是党的群众路线在政治领域的重要体现"[①]。要在全社会开展广泛协商，推动协商民主多层次、制度化发展。要构建完善的协商民主体系。逐步拓宽国家政权机关、政协组织、党派团体、基层组织、社会组织的协商渠道，从而广纳群言，增进社会共识。深入推进立法协商、行政协商、参政协商等多种协商，逐步建立完善的决策咨询制度，从而汲取群众智慧，增强社会合力。进一步完善中国共产党领导的多党合作和政治协商制度。充分吸纳各民主党派和无党派人士意见。努力推进政治协商、民主监督、参政议政等规范化、制度化、程序化，充分发挥人民政协的民主协商作用。

此外，还要发展和完善基层民主，进一步拓宽民主渠道，推进基层人民群众的政治参与进程。要在城乡社区治理、基层公共事务、公益事业中，拓宽人民群众有序参与的范围和途径，丰富人民群众有序参与的内容和形式。进一步加强企事业单位和社会组织的民主机制建设，充分保障职工的参与权利。

其次，转变政府职能，把政府不应该承担的职能分离出去。由于历史与现实方面的种种因素的影响，政府当前仍然承担了许多不该由自己承担的职能，这些职能应该分离出去。市场能够实现资源的有效配置，但不是万能的，市场也有失灵的时候。有学者曾把市场失灵的表现归结为公正分配问题、经济稳定性问题、非价值物品问题、公共物品供给问题、外部经济问题、自然垄断问题、不完全竞争问题、信息偏在问题、市场风险问题等九个方面[②]，市场失灵的这些表现为政府干预提供了正当性，实际上也为政府干预经济划出了边界。换言之，市场失灵的这些表现或领域也正是政府能够和应该发挥其经济职能的地方。政府职能不能越出这个边界。当前，政府职能转变不到位，就是政府所履行的职能越过了这个边界。

党的十八大报告指出，"深化行政审批制度改革，继续简政放权，推动

---

① 中共中央文献研究室：《十八大以来重要文献选编》（上），中央文献出版社 2014 年版，第 527 页。

② 王学杰：《论政府规制与市场机制相结合》，《四川行政学院学报》2005 年第 1 期。

政府职能向创造良好发展环境、提供优质公共服务、维护社会公平正义转变。……推进事业单位分类改革"①。这不仅为政府职能的转变提供了方向，也为政府职能转变提供了突破口和切入点。就是要以深化行政审批制度改革、简政放权为切入点，进而转变政府职能，把政府不该承担的职能分离出去。

要进一步取消行政审批事项。当前我们的行政审批事项已经取消不少，但还远远不够。要坚决取消非行政许可审批事项和地方政府设定的变相行政审批事项。对于已有的这些事项，要进行全面清理。对政府不该干预而应该由市场来做的行政审批事项、对社会力量投资创业贡献的行政审批事项也要予以取消。要进一步推进工商登记制度改革，努力为社会成员投资创业、为企业经营提供便利。对于需要保留的审批事项要向社会公开。要及时公布正在实施的审批事项目录清单，以使投资主体及时了解政府限制和禁止范围。这个范围之外，投资主体只需按法定程序注册登记，便可投资经营。要加强对审批过程的管理，尽可能简化审批流程。

进一步取消行政审批事项的过程，是一个横向的简政放权过程，也是一个政府把自身职能分离出去的过程。同时，还应该把中央政府管理的部分审批事项下放到地方政府，"直接面向基层、量大面广、由地方管理更方便有效的经济社会事项，一律下放地方和基层管理"②。这是一个纵向简政放权的过程。简政放权方面的这种纵横结合，会使大量政府不该履行的职能分离出去，从而有利于政府更好地履行自身职能，管好自己该管的事情。比如，在简政之后，政府必须加强自身的市场监管职能，要加快建设科学的监管机制和方式，强化市场监管，从而为市场主体营造更好的发展环境。

第三，促进传统文化的合理分化，使法治意识及其所蕴含的现代文化因素日益生长起来。

增强全体社会成员的法治意识，最为有效的办法就是加强法治宣传教育。

①　中共中央文献研究室：《十八大以来重要文献选编》(上)，中央文献出版社2014年版，第22页。
②　中共中央文献研究室：《十八大以来重要文献选编》(上)，中央文献出版社2014年版，第520页。

加强法治宣传教育，能更为直接地让社会成员了解法律、服从法律、认同法律、信赖法律。当前，我们对提高社会成员的法治意识十分重视。党的十八届四中全会明确提出必须弘扬社会主义法治精神，建设社会主义法治文化，增强全社会厉行法治的积极性和主动性，形成守法光荣、违法可耻的社会氛围，使全体人民都成为社会主义法治的忠实崇尚者、自觉遵守者、坚定捍卫者；强调要推动全社会树立法治意识，深入开展法治宣传教育，把法治教育纳入国民教育体系和精神文明创建内容。① 而要做好法治宣传教育工作，必须牢牢把握以下几个方面：

在法治宣传教育的领导和组织上，要建立和强化法治宣传教育领导责任制，培育一支高素质的法治宣传教育队伍。各级党政领导要对法治宣传教育工作给予充分重视，要将法治宣传教育工作的效果列入党政主要领导特别是司法行政机关领导的政绩考评，从而提高领导的重视程度，强化其责任意识，切实履行好组织、协调、指导法治宣传教育实施的职责。要增加对法治宣传教育工作的经费投入，加强法治宣传教育队伍建设，特别是普法讲师团的建设，吸引优秀法律方面的人才进入讲师团队伍。此外，还要创造环境和条件，吸引社会成员成为法治宣传教育志愿者，建设法治宣传教育志愿者队伍。

在法治宣传教育的内容上，要广泛开展宪法宣传教育，大力宣传中国特色社会主义法律体系。在强调党的领导是《宪法》实施的根本保证的基础上，大力宣传《宪法》至上、依宪执政、依宪治国等理念，宣传《宪法》确立的公民的基本权利和义务，让全体社会成员不仅认识到必须以《宪法》所确立的行为规范约束自身，也认识到可以利用《宪法》保障自身权利。要充分利用国家宪法日，广泛开展宣传教育活动，形成全社会学习宣传《宪法》的强大推力。要大力宣传包括民商法、经济法、刑法、行政法、诉讼与非诉讼程序法等的法律知识，增进社会成员对法律的信任和依赖。要着力宣传关于信访、投诉、调解方面的法律法规，引导社会成员依法理性表达自身利益诉求。

---

① 《中共中央关于全面推进依法治国若干重大问题的决定》http://www.ccps.gov.cn/xytt/201812/t20181212_123256_3.shtml。

　　在法治宣传教育的方式和途径上，要在坚持经常性法治宣传教育和专项集中教育相结合的基础上，充分利用多种手段进行法治宣传教育。要把经常性法治宣传教育和各类主题的宣传活动充分结合起来，既注重长远目标，又注重当前效果。要充分利用广播、电视、报刊等传统媒体和电脑网络、微博、微信等新媒体新技术开展普法活动，回应群众法律方面诉求，传播法律知识。要充分利用墙体、广场、公园、公共服务窗口等公共区域开展法治宣传教育活动。要充分利用诸如书屋、图书馆、文化馆、社区文化中心等公共文化场所，开展多种形式的法治宣传教育活动。继续深入推进法治示范单位、法治示范村（社区）、法治示范城市等创建活动，增进社会成员守法的自觉性。要把法治教育纳入国民教育体系。青少年的法律素质、法治意识状况，直接关系到未来我国社会成员的整体法治意识状况。法治教育要从娃娃抓起，要把其列入中小学教学大纲，设立法治知识课程，使在校青少年都能得到基本法治知识教育。推进青少年法治教育的多方配合，充分开展社会法治实践，使广大青少年，养成守法习惯，树立法治意识。此外，法治宣传教育还要根据不同地区、不同部门的情况，采取人民群众喜闻乐见的方式进行。只有这样，才能增进广大人民群众对法治教育的兴趣，进而提高其法治素质，增强其法治意识。要把法治教育和精神文明创建活动结合起来，在法治教育中推进精神文明建设，在精神文明创建中融入法治教育的内容，使二者相互补充、相得益彰。

　　在牢牢把握以上几个方面的同时，我们也要注意，法治意识的增强是一个循序渐进的过程。我们要下大力度促使全体社会成员法治意识的不断提升，但也不能急于求成。要把阶段性目标和长远目标结合起来，推进法治宣传教育，既要积极努力又要切合实际。这样才能更好地使社会成员实现从了解法律、服从法律到认同法律、信赖法律的转变。

　　此外，要使法治意识及其所蕴含的现代文化因素不断增强，也离不开社会整体领域的全面发展。因此还要做好两方面工作，一是要加大力度促进生产力的平衡发展，充分发挥市场作用，使市场经济体制更加完善，从而为全体社会成员法治意识的生长提供充分的物质保障。二是要坚持依法治国，规范权力行使，为法治意识的生长提供强有力的法治保障。只有这样，法治意识及其所蕴含的现代文化因素才能更好地从传统文化中分化出来。

（二）加强社会整合

加强社会整合，必须依据社会各结构领域在整个社会结构体系中的逻辑定位及其自身规律进行，只有这样，才能促进社会各结构领域以及各结构领域内的有效整合。我们的现代化是社会主义与市场经济相结合，是社会主义的现代化，在进行社会整合的过程中，既需要更大的政治勇气和智慧，又需要慎重而精准的把握。促进经济市场化、政治民主化、弘扬科学精神和推动文化繁荣，不仅是历史唯物主义的必然逻辑，也是现代化的题中应有之义。当代中国的社会整合总体来讲，就是要促进经济工业化、信息化、市场化，从而推进政治民主化和文化科学化，继而用政治民主化和文化科学化来确认经济市场化成果并进一步推进经济市场化。在牢牢把握了社会各领域的逻辑定位后，下面我们根据早前所分析的当前中国社会各领域的分化状况，来谈谈如何实现社会各领域的内部整合。

第一，加强政治领域的整合。

面对市场经济的发展而带来的政治参与高涨的状况，政治制度及体制的适应性依然有待提高。因此，需要不断强化制度建设特别是以《宪法》为核心的法律体系建设，充分发挥制度功能，以适应政治参与和民主政治发展的需要。政治领域内的整合最主要的就是要加强制度建设，促进政治领域的各环节相互制约、相互协调，全面推行依法治国，做到"科学立法、严格执法、公正司法、全民守法"①，进而实现政治稳定和政治发展。对政治领域的整合包含以下三个必不可少而又相互依存的环节：

---

① 《中共中央关于全面推进依法治国若干重大问题的决定》http://www.ccps.gov.cn/xytt/201812/t20181212_123256_3.shtml。

首先，必须维护党的政治权威。

维护党的政治权威，必须充分发挥党总揽全局、协调各方的领导核心作用。党政军民学，东西南北中，党是领导一切的。党的领导核心作用体现在方方面面，覆盖国家和社会生活的各个领域，尤其体现在全面深化改革和全面依法治国进程中。当前，世情、国情、党情较为复杂，在中国特色社会主义发展的新阶段，在推进社会主义现代化的关键历史时期，社会发展各领域的矛盾和问题叠加，党所面临的风险和挑战前所未有。各级党委必须立足全党工作大局，站得更高些，看得更远些，集中力量抓好具有全局性、战略性、前瞻性的重大问题，确保党对各领域的领导坚强有力，确保党的路线方针政策高效贯彻执行。党协调各方的作用主要是指，党要处理好与人大、政协、司法机关、政府、各人民团体等的关系，在党的领导下使各方面都能充分发挥自身作用，协同配合。同时，要坚决维护党中央的权威，维护党的集中统一领导。全体党员尤其是领导干部，必须坚决维护总书记在党中央和全党的核心地位，坚决维护党中央权威和集中统一领导。

其次，依法协调好立法机构、行政机构和司法机构的关系。

在我国依法协调的前提，是坚持中国共产党的领导；这里所依的法，是以《宪法》为核心的中国特色社会主义法律体系，也是党的意志的体现。党通过立法机关使自己的意志转化为法律，并通过党组织在国家政权机关中作用的发挥，实现党的领导。

人大是国家的权力机关，政府是行政机关即国家权力机关的执行机关，法院和检察院是国家的司法机关即国家审判机关和检察机关，三者功能发挥的效果如何、三者之间的关系是否协调，直接关系到国家的运转和发展，因此实现三者之间的整合至关重要。人民代表大会制度是当代中国根本政治制度，它是人民主权的实现形式，权力的产生和消失都只能源自人民代表大会。根据《宪法》以及其他法律的规定，人民代表大会具有四项基本职权，即立法权、任免权、决定权和监督权。由于这样或那样的原因，在当代中国的政治实践中人民代表大会最为重要的权力其实可以归结为立法权和监督权两种。那么，如何发挥人大的立法功能和监督功能就非常重要。立法要适应改革和发展需要，要反映人民意志，要保障人民权益，因此要有效发挥立法功能，必须恪守以民为本、立法为民理念，要把公正、公平、公开原则贯穿于立法全过程，完善立法体制机制，坚持立改废释并举，深入推进科学立法、民主立法，健全立法机关主导、社会各方有序参与立法的途径和方式，拓宽公民有序参与立法途径，加快完善体现权利公平、机会公平、规则公平的法律制度。所谓拓宽，就是要顺应民众日益扩大的政治参与需求；所谓有序，就是要保证这种参与的前提必须是政治稳定。拓宽公民有序参与立法途径，是人大制度本身提供的政治制度资源，民众日益增长的政治参与需求可以凭借日益完善的立法体制和机制按照既定程序加以满足。而充分发挥人大的立法功能也是实现人大、行政机关、司法机关的功能之间整合的前提，人大的立法是行政机关和司法机关开展工作的依托和凭借。除立法功能外，人大还发挥着对行政机关和司法机关的监督功能，这种监督功能同样很重要。人大可以通过撤销国家行政机关的行政法规、决定、命令、地方性法规的方式以及组织关于特定问题的调查委员会调查的方式、质询的方式对行政机关进行监督，也可以通过任免权对国家行政机关进行制约和监督。对于司法机关而言，人大一方面可以通过人事的任免权来监督司法机关工作人员，另一方面也可以通过立法完善法律制度以及组织关于特定问题的调查委员会调查的方式对司法机关进行相应制约和监督。只有充分发挥人大对于行政机关和司法机关的监督功能，才能有效防止腐败，真正加快建设法治政府和实现司法公正。这就必须改革和完善人民代表大会制度，当然，这种改革和完善决不是在现有的改革成果之外另辟蹊径。恰当的做法应是在现有成果的基础上，对某些局部领域进行适当调整，对某些环节进一步细化，增强可行性和操作性。就人大、行政机关、司法机关的功能而言，由于行政权力的干预，司法权的依法公正行使受到影响，为此必须规范行政权力，真正做到依法行政。同时，完善确保依法公正行使审判权和检察权的制度，建立领导干部干预司法活动、插手具体案件处理的记录、通报和责任追究制度，建立健全司法人员履行法定职责保护机制，对公正司法也是十分重要的。

最后，理顺中央和地方的关系。

理顺中央地方关系的一个重要原则就是既要坚决维护和加强中央权威，又要发挥地方积极性，实现地方利益。邓小平曾在 1988 年指出，"我的中心意思是，中央要有权威。改革要成功，就必须有领导有秩序地进行。没有这一条，就是乱哄哄，各行其是，怎么行呢？……党中央、国务院没有权威，局势就控制不住"①。在 1989 年他又强调，"党中央的权威必须加强。……没有中央、国务院这个权威，不可能解决问题。有了这个权威，困难时也能做大事。不能否定权威"②。中央代表全局利益，地方代表局部利益，局部利益要服从全局利益。当前，中国改革已经进入深水区，各种利益矛盾错综复杂，因此，进一步深化改革更需要科学的顶层设计，更加需要维护和加强中央权威。地方政权机构不能借口地方利益影响中央决策的贯彻执行。要在维护中央权威的前提下发挥地方积极性，照顾好实现好地方的合理利益。理顺中央与地方关系的关键是使中央与地方关系法律化、制度化。在中央与地方权力划分方面，要做到权责一致，防止出现权力较小而责任过大或者权力过大而责任较小的权力配置状况，权力配置要做到有多大的权力就承担多大的责任。在权责一致的基础上，通过法律和其他制度进一步细化和规范中央与地方在决策权、管理权、事权、财权等各方面的权力划分，尽力清除中央政权机构与地方政权机构权力边界模糊的问题。此外，中央对地方的监督也要尽量法律化、制度化，改变单纯通过行政手段以及人事安排对地方进行监督的方式，采取立法、行政、司法等相结合的监督方式。同时，也要进一步完善地方政权机构参与中央决策的制度和机制，使地方政权机构能够及时参与到涉及地方自身利益的中央决策过程，这不仅有利于调动地方积极性，也有利于中央与地方矛盾的高效化解。

第二，加强经济领域的整合。

经济领域的整合主要体现在两个方面，一方面是理顺政府与市场的关系，

---

① 《邓小平文选》第 3 卷，人民出版社 1993 年版，第 277 页。

② 《邓小平文选》第 3 卷，人民出版社 1993 年版，第 319 页。

　　另一方面是协调好城乡之间、区域之间的关系。首先，理顺政府与市场的关系，既要尊重市场规律、充分发挥市场对资源配置的决定性作用，又要更好地发挥政府对于经济应有的职能。这一点我们在前面谈到市场和政府功能发挥的时候已经分别对其做了分析，这里我们是从二者协调和互补的角度来概略谈二者之间的整合。

　　由于我国的现代化和其他大多后发现代化国家一样是政治主导型现代化，因此政治手段（特别是行政手段）对经济领域的整合也和市场手段一样起非常重要的作用。现代市场经济国家的发展历程同样表明，政治手段（特别是行政手段）和经济手段都是经济领域整合不可或缺的重要手段。

　　因此，经济领域的整合必然要求充分发挥政府的经济调节职能。而政府经济调节职能的充分发挥，必须健全宏观调控体系和市场监管体系。当前我国处在社会转型的关键时期，社会各领域正在发生深刻的变革，经济领域里产业之间、城乡之间、区域之间的关系也在发生急剧变化。为了实现秩序稳定、经济健康运行、又好又快发展，必须加强宏观调控。要把正确处理改革、发展、稳定的关系，作为宏观调控的主要方向；把促进经济增长，增加就业，稳定物价，保持国际收支平衡作为宏观调控的目标追求。合理把握宏观调控的时机、重点和力度，综合运用包括国家规划、财政政策和货币政策的各种手段，对宏观经济运行进行主动的、预见性强的调控。针对我国市场分割、市场主体行为、市场秩序等方面出现的一些问题，政府还要发挥良好的市场监管职能。清理各种具有地方保护主义性质的规定和做法，反对垄断和不正当竞争，着力打破条块分割、部门分割、行业垄断，加强市场监管，整顿和规范市场秩序，创造统一、开放、竞争、有序的市场环境。同时，由于受传统体制惯性的严重影响，我国的市场发育程度还不成熟，这集中表现在要素市场体系的不完善上。除商品市场外，资本、土地、技术、劳务、信息等市场经济体系所必需的要素市场亟待进一步完善。党的二十大报告所提出的"深化要素市场化改革""建设高标准市场体系"等正是为解决这些问题所做的努力。必须积极培育和不断完善市场体系所必需的要素市场，并使之有序均衡发展，才能使经济更有活力。只要尊重市场规律，充分发挥政府的经济调节和市场监管职能，市场就能够利用自身机制充分发挥其功能，促进经济发展。当然，市场也有失灵的时候，比如，当面对基础设施建设、再分配、教育医疗卫生、资源环境安全等问题的时候。为此，政府还应该充分发挥第三种职能即提供公共服务和维护社会公平正义，来解决这些问题。这些问题的有效解决不仅弥补了市场失灵，也为经济持续发展提供了动力。

其次，协调好城乡之间、区域之间的关系。就经济领域而言，要协调好城乡之间的关系，笔者认为必须处理好三个方面的问题，一是要对相关的产业结构进行调整，使城乡产业结构相互协调；二是要完善要素市场，提高包括要素市场的农村市场的市场化程度；三是要加大对农村的投入力度，推进城乡公共服务均等化。

调整城乡产业结构，使城乡产业结构协调发展。这包括三个相互关联的环节，即农村内部产业结构、城市内部产业结构和城乡之间产业结构的协调问题。目前，就农村内部产业结构而言，主要是以农业为主，而工业和服务业并没有获得很好的生长。为此，必须加快传统农业的转变，培育新型经营主体，发展农民专业合作和股份合作，发展多种形式规模经营，构建与集约化、专业化、组织化、社会化相结合的新型农业经营体系，提高传统农业技术化和专业化程度，扩大农业生产过程的分工以及农产品在深加工过程中的分工，并发展与此相关的生产性服务业。就城市内部的产业结构而言，虽然大城市或者中心城市的服务业发展迅速，但工业集中在大城市的局面仍未发生根本转变，必须转变这种局面，把工业逐步向中小城镇转移，使大城市逐渐转变为服务中心、金融中心和贸易中心。就城乡产业结构的协调而言，同样应该把分散的农村工业和农村生产性服务业向中小城镇集中，使各种资源和要素以中小城镇为中介在城乡之间充分流动，进而促进城乡产业结构的协调一致。

提高包括要素市场和农产品市场的农村市场的市场化程度。当前，我国农村市场的发育程度与城市市场仍有很大差距，包括土地、资本、劳动力、技术、信息等的要素市场在农村发育仍不够健全。必须破除各要素在城乡之间流动的体制和政策性障碍，在尽可能多地增加农民土地收益的前提下，使土地在现有土地基本制度框架内流转起来。改革征地制度，提高农民在土地增值收益中的分配比例。增加资本、技术和信息对农业发展的贡献率，鼓励各种市场主体积极参与到农业和农村发展中。针对农产品市场化程度不高的状况，必须改变农产品销售的分散性，培育新兴农产品销售主体，增强其在市场上的谈判议价能力，维护农村和农民利益。

加大对农村的投入，推进城乡公共服务均等化。当前，一方面，农村的基础设施建设和医疗、教育、卫生等方面与城市相比是相对落后的，这不仅体现了改革的成果还没有更好地惠及农民，而且这种状况也很难使农民有能力有条件投入农业和农村的经济发展；另一方面，由于户籍制度以及受教育水平等因素的影响，进城务工的农民在城市很难获得好一点的工作，想实现从农民向市民的转化、同等享受市民待遇还有诸多困难。可见，无论是农村和城市相比还是暂时在城市务工的农民和市民相比，所享受的改革发展成果是有很大差距的。为此，必须坚持工业反哺农业、城市支持农村和多予少取放活的方针，加大强农惠农富农政策力度，把基础设施建设的重点向农村转移，进一步提高良种补贴、农业生产资料价格补贴、农机具购置补贴和粮食直补，增加对农村的教育、卫生、医疗等方面的投入，进一步提高农民的社会保障，全面改善农村生产生活条件；加大对生活在城市的农民工的教育和培训力度，改善其就业环境，加速其向市民转化，加快制定政策使其子女在教育和医疗方面享受与市民子女同等待遇。农民和农村基本公共服务问题的进一步解决，不仅直接惠及农民，而且能够增强农民投入农业生产的积极性、促进农业经济发展，进而促进城乡协调发展。

总之，以上两个方面是理顺城乡关系必不可少的，离开任何一个方面，城乡经济上的协调发展都只能是空话。此外，就区域关系而言，要继续实施区域发展总体战略，充分发挥各地区的比较优势，优先推进西部大开发，支持东部地区率先发展，促进中部崛起，振兴东北老工业基地，加大对贫困地区的支持力度，实施差别化经济政策，推动产业转移，完善统一市场，进而促进区域经济社会协调发展。

第三，加强文化领域的整合。

关于文化领域的整合，既然我们在前面已经指出文化领域的整合面临着传统文化现代性转化需要加大力度、文化的一元主导与多样共存需要进一步协调、马克思主义的大众化仍然需要进一步推进三个方面的问题，那么，文化领域的整合也本应该从这三个方面入手。但仔细观察这三个方面，我们会发现，事实上，这三个方面的文化都是指称的同一对象，即当前中国的文化形态，只是为了达到对当前中国文化更为深刻的认识，才从不同的维度对其进行分析的。因此，这三个方面的整合就不是彼此毫不相干的，而是相互交织，三者各自整合的最终目的都是要切实形成一种民族的、大众的、科学的社会主义先进文化。就文化整合而言，笔者认为，整合当代中国文化的关键，应该充分把握以下几个环节：

首先，要对现代文化的总体特征有一个明确的认识。有学者曾专门分析现代社会和现代化的不同道德解释图式，并得出结论说，"正如社会的现代化或曰现代社会没有一种统一不变的模式一样，关于现代社会的道德解释图式或现代道德论证方式本身也是多种多样的、不断变化着的。这一点提示我们，在中国的现代化运作过程中，我们不仅应该且必须建立'具有中国特色'的现代化社会模式，而且也必须建立与之相应的现代中国伦理的解释和论证图式"[1]。这个结论本身是比较科学的，我们由此可以进一步推论出，对于现代文化内核的认识迄今为止并不完全一致，更没有形成绝对明确的概念（这与我们在探讨现代性时所揭示的现代性概念的境遇是一致的）。不同民族国家由于地理环境、文化传统、历史背景的差异，现代文化的生成过程也因此具有不同的路径。但与此同时，正如我们曾指出的学术界对于现代性的总体特征已经有一些共同看法一样，对于现代文化的总体特征不同民族国家也一样是有一定共识的。比如

---

[1]　万俊人：《现代社会道德合理性基础论证——兼及中国现代化运作中的道德问题》，《北京大学学报》（哲学社会科学版）1996 年第 2 期。

主体性个体意识的觉醒、自然科学和社会科学的发展、民主意识和法治意识、多样化的文化生活，等等，这些都是我们必须勇于面对和肯定的。这不仅是我们进行文化整合的现实目标，也是文化整合之依据所在。

其次，对待传统文化要有科学的态度，基于对传统文化的科学认识，正确对待传统文化，做好传统文化的创造性转化和创新性发展。当前在对待传统文化的态度上，仍然存在两种极端的倾向，即虚无主义和复古主义。虚无主义者认为，中国传统文化在当今中国毫无价值和意义，作为一种过时的文化形态，传统文化对中国的现代化进程只会造成各种阻碍，必须彻底摒弃。复古主义者认为，中国传统文化没有不好的地方，不仅必须继承传统文化，还应该按古人的行为方式行事，诸如穿汉服、行跪拜礼等，甚至提出要在儒化中国的基础上推行儒教并将其立为国教。这两种极端倾向不仅是有害的，在实践中也是行不通的。文化是现实的人们实践的产物，是历史的产物。实践永远是不断发展着的实践，历史永远是生成中的历史。文化只能是处于不断发展中，是生成中的文化。否定以往的实践和文化，把眼前的现实看成是某种开天辟地以来就始终存在的东西，是对待历史的非唯物主义态度；而一味用既往的东西来框定发展着的实践，也只能是作茧自缚，定会在现实中处处碰壁。

对中国传统文化，我们必须有科学的认识。通向现代社会的道路各个国家因国情不同而不同，培育和生成中国现代文化的道路与其他国家比较也一样是有区别的。没有人会怀疑中国一定会实现现代化、生成成熟的现代文化。但与此同时，应该没有人怀疑，培育进而生成成熟的中国现代文化只能在中国大的文化背景中进行。这就必须坚决反对上述两种错误倾向，正确认识和对待传统文化。事实上，中国传统文化在其形成和发展过程中，不可避免地会受到当时人们的认识水平、时代条件以及社会制度的影响和制约，而实践在发展、环境在改变，人的思想观念也在变，简单回归传统已无可能。对待中国传统文化的正确做法，只能是对其做出符合历史时代条件的创造性转化。

那么如何促进传统文化"创造性转化和创新性发展"呢？"创造性""创新性"意味着我们不能是复古主义者，不能简单地回归传统；"转化"和"发展"

则更多地强调我们不能是虚无主义者，而只能在传统基础上不断前进。因此正确的做法，应该是坚持两点即"扬弃"和"开新"。传统文化由于受具有强烈宗教和伦理色彩的政治学说的深刻影响，具有许多不适应现代社会发展的东西。比如，作为儒家文化核心的"仁"就渗入了"三纲""五常"等政治伦理性因素，"忠君"和"父为子纲"中所强调的"忠""孝"等也具有浓重的人身依附色彩。对此我们必须坚决予以扬弃。而"开新"则是在扬弃的基础上，对传统文化的本原精神进行新的阐释，赋予其新义，从而使其变为对当下中国现实实践的一种适应和推动。虽然"三纲""五常""忠君""父为子纲"是糟粕的东西，但"仁""忠""孝"的本原精神却是我们至今仍然认可的。恐怕很少有人会否认，党员干部应该忠于人民、我们应该忠于国家、人人应该关心和孝敬父母及长辈。我们应该做的是，要根据时代的需要，吸收当代优质文化，赋予"仁""忠""孝"的本原精神以新的内容，在传承中进行更新。而对于传统文化中"法"的内容，则需要直接赋予其新的含义，使其与现代法治理念相融合，以适应当代中国的法治建设进程。此外，传统文化中的"天人合一"思想，对于现代性问题（比如生态问题等）的解决也是非常宝贵的思想资源。汤一介在《"新轴心时代"或将到来：论儒学的复兴》一文中，更是认为传统文化中所具有的"天人合一""人我合一""身心合一"等丰富的思想资源，都是当代人类世界发展所需要的。总之，我们只有在"扬弃"传统文化的基础上赋予其新的意义，使之做出符合时代需要的转化，才能真正在继承中发展传统文化，进而推动社会全面发展。

最后，在凝练适合当代发展的核心价值观的基础上，做好社会主义核心价值观的传播工作。

凝练、培育和践行社会主义核心价值观不仅涉及马克思主义大众化的进一步推进，更为重要的是，它关涉文化整合的所有层面，是进行文化领域整合最为重要的环节。社会主义核心价值观最为主要的内涵是马克思主义的，传播和践行社会主义核心价值观内含马克思主义大众化的进一步推进；社会主义核心价值观是社会主义先进文化的价值凝结，内含对多元文化思潮的包容和引导；

我们的社会主义核心价值观是中国的，内含对中国传统文化精华的吸收和转化。因此，凝练、培育和践行社会主义核心价值观，完全能够实现对多元文化和各种价值观的有效整合。

党的十八大指出，要倡导富强、民主、文明、和谐，倡导自由、平等、公正、法治，倡导爱国、敬业、诚信、友善，积极培育和践行社会主义核心价值观。这三个要倡导的内容，就是社会主义核心价值观的基本内容。它承接了传统文化精华，高度凝练了中国特色社会主义文化，吸收了人类文明的优秀成果和时代精华，凝聚了全社会价值共识，是实现当前文化领域整合的关键所在。虽然核心价值观的凝练和培育是一个不断持续的现实过程，但在当前条件下围绕这"三个倡导"，培育和践行社会主义核心价值观是十分重要和迫切的。为此，我们必须从以下几个方面着手，积极培育和践行社会主义核心价值观。

一是要做好对培育和践行社会主义核心价值观的组织和领导工作。各级党委和政府要对培育和践行社会主义核心价值观高度重视，建立健全相关的领导体制和工作机制，统筹协调、组织实施、督促落实。要抓住各级主要领导干部这个关键少数，发挥领导干部带头作用，以身作则、率先垂范，感召和引领广大党员、干部积极践行社会主义核心价值观。同时，还要加强对培育和践行社会主义核心价值观的法律和制度保障。在进一步培育和凝练核心价值观的基础上，等条件成熟时，可以把社会主义核心价值观载入《宪法》。要把培育和践行社会主义核心价值观贯彻到依法治国的全过程，严格执法、公正司法，维护社会公平正义。对于一些违背诚信和道德的行为比如商业诚信问题、助人反被敲诈勒索等问题，应该探索建立相关的制度和法律，增强对这种行为的刚性约束。二是培育和践行社会主义核心价值观应采取多种形式，多层面、全方位进行。要紧紧围绕"三个倡导"，开展诸如志愿服务活动、精神文明创建活动、道德实践活动、革命传统教育和爱国主义教育等多种形式的实践活动，积极践行社会主义核心价值观。要紧紧围绕"三个倡导"，从小抓起、从学校抓起，培育和践行社会主义核心价值观。培养高素质的师资队伍，加强师德师风建设，采取多种形式，把培育和践行社会主义核心价值观融入国民教育全过程。

培育良好的家庭氛围和社会风气，配合学校教育，巩固学校教育成果。要紧紧围绕"三个倡导"，把培育和践行社会主义核心价值观落实到包括经济、政治、文化等基本领域的社会整体领域，实现社会领域全覆盖。三是要做好培育和践行社会主义核心价值观宣传工作。要充分利用传统媒体和网络等新兴媒体，加强新闻媒体从业人员传播社会主义核心价值观的责任意识和素质能力，充分培养和利用网络技术人才，把握正确舆论导向，采取多种宣传形式，宣传社会主义核心价值观，弘扬主旋律，传播正能量。要坚持文艺创作和文艺评论的正确价值取向，弘扬真善美，贬斥假恶丑，创作丰富的文化作品，开展多种形式的文化活动，丰富群众文化生活。

总之，培育和践行社会主义核心价值观，实现文化领域的整合，是一个系统工程，必须全方位多层次、有计划有组织地进行，只有这样，才能使社会主义核心价值观入脑入心，社会成员才能把社会主义核心价值观内化于心、外化于行。

（三）创造社会合理分化与整合的良好条件

第一，加强党的建设。

中国共产党作为执政党，是整个中国特色社会主义事业的坚强领导核心，是社会整合的主体，当然也是促进社会合理分化的主体。党的建设状况直接关系到促进社会合理分化和加强社会整合的效果。为此，必须加强党的建设。

首先，加强党的政治建设。党的十九大报告指出，党的政治建设是党的根本性建设，决定党的建设方向和效果，旗帜鲜明讲政治是马克思主义政党的根本要求，必须把党的政治建设放在首位。保证全党服从中央，坚持党中央权威和集中统一领导，是党的政治建设的首要任务。全党要坚定执行党的政治路线，在政治立场、政治方向、政治原则、政治道路上同党中央保持高度一致。要坚决防止和反对个人主义、分散主义、自由主义、本位主义、好人主义，坚决防止和反对宗派主义、圈子文化、码头文化。全党同志特别是高级干部要不断提高政治觉悟和政治能力，把对党忠诚、为党分忧、为党尽职、为民造福作为根本政治担当，永葆共产党人政治本色。中国是一个后发现代化国家，加强党的政治建设，维护党中央权威和集中统一领导，具有特殊重要作用。

其次，加强党的思想建设和作风建设。没有科学的理论，很难有坚强的政党。必须用马克思主义理论，特别是马克思主义中国化理论成果武装全党。要不断推进党的建设理论创新，以适应变化的客观实际，用发展的马克思主义指导发展的实践。作为马克思主义执政党，还要教育党员干部坚定理想信念，坚守共产党人精神追求。要教育引导党员、干部矢志不渝为中国特色社会主义共同理想而奋斗。要抓好党性教育这个核心，弘扬党的优良传统和作风，教育引导党员、干部牢固树立正确的世界观、权力观、事业观，坚定政治立场，明辨大是大非。要教育党员、干部真正牢记党的宗旨，始终把人民利益放在第一位，始终与人民心连心、同呼吸、共命运，保持党的先进性和纯洁性，坚决克服形式主义、官僚主义，以优良党风凝聚党心民心、带动政风民风。

再次，要加强党的组织建设和制度建设。组织建设和制度建设，是提高党的建设科学化水平的重要手段和保证，必须严格依据政党活动规律特别是马克思主义执政党的执政规律，加强党的组织建设和制度建设。党的制度建设要始终坚持和健全民主集中制。民主集中制是党的根本组织制度和领导制度，是党的政治生活的基本准则。"要坚持民主集中制，健全党内民主制度体系，以党内民主带动人民民主。"① 要健全党员民主权利保障制度，完善党的代表大会制度，党内选举制度，党内议事规则和决策程序，扩大党内基层民主，增强党内生活原则性和透明度，积极发展党内民主。必须深化干部人事制度改革，建设高素质的干部队伍。必须加强基层党组织建设，夯实党执政的组织基础。要改进对流动党员的教育、管理、服务，提高发展党员质量，健全党员能进能出机制，优化党员队伍结构。

最后，要加强党的纪律建设。党的集中统一是党的力量所在。党的纪律特

---

① 中共中央文献研究室：《十八大以来重要文献选编》(上)，中央文献出版社2014年版，第40页。

别是政治纪律，是维护党的集中统一的保障。改革越是进入攻坚期和深水区，就越需要党的集中统一，因此也就更需要加强党的纪律建设。加强党的纪律，就是要求广大党员、干部自觉遵守党章等党内法规，按照党的组织原则和党内政治生活准则办事；就是要求坚决维护中央权威，保证中央政令畅通；就是要求切实做到纪律面前人人平等、遵守纪律没有特权、执行纪律没有例外，从而有力维护党的集中统一。

第二，注重生态文明建设，为促进社会合理分化和加强社会整合创造资源环境条件。

我们的现代化进程必须以资源环境的承载能力为基础、以良好的资源环境条件为支撑，为此，必须加强生态文明建设，节约资源，优化环境。加强生态文明建设应该从以下几个方面做起：首先，要树立正确的生态观和消费观。必须坚持马克思主义的生态观和消费观，加强生态文明宣传教育，增强全民节约意识、环保意识、生态意识，努力形成合理消费的社会风尚，从而营造爱护生态环境的良好风气。其次，要注重对资本和技术的合理使用。在当代中国，资本作为生产要素的存在有其合理性和现实性，中国的现代化需要利用资本所发挥的积极作用。如果刻意消灭资本，则回到以前的老路上去。但这绝不意味着，对资本不加任何限制，可以任其为所欲为。在资本发挥自身作用的同时，采取各种措施把它对资源环境的破坏控制到最低限度，应该是我们对待资本的合理选择。只要对资本逻辑的负面因素加以控制，技术不但会把自身对资源环境的破坏降到最低，还会成为改善资源环境的有利因素。再次，充分利用制度手段，加强相关制度建设。建立生态文明评价制度，建立体现生态文明建设要求的目标体系和考核办法；建立资源环境的开发和保护制度；充分利用市场调节机制，建立资源有偿使用制度和生态补偿制度；加快健全和执行生态环境保护责任追究制度和环境损害赔偿制度。最后，更为重要的是要转变经济发展方式。必须尽快把经济发展方式由主要依靠资源环境消耗转变到主要依靠科技进步、劳动者素质提高、管理创新上来，只有这样，才能更为扎实有效建设生态文明，从而为促进社会合理分化和加强社会整合提供良好的资源环境条件。

第三，提升全体社会成员的素质和能力，为合理的社会分化与整合创造适宜的主体条件。

促进社会合理分化和加强社会整合需要适宜的主体条件，当前中国全体社会成员的素质发展并不均衡，单个社会成员的素质发展也不够全面，为此必须采取措施提升全体社会成员的综合素质，进而促进其能力的提升，以利于促进社会合理分化和加强社会整合的需要。一方面，要大力发展生产力为人的素质提升创造物质基础。当代中国正处于现代化进程的关键时期，生产力的发展有极大提高，人们的物质生活水平比以前有较大改善。但与此同时，各地的发展又很不平衡，而一些地区和农村尤其是在偏远的山区和农村，人们的衣食住行在质和量方面还不能得到充分的保证，素质的提高因此也是十分缓慢的。这就需要我们更加注重落后地区和农村生产力的发展，从而使生产力的发展更加均衡，为全体社会成员的素质提升创造物质条件。

另一方面，要克服人的素质发展的片面性，全面提升社会成员的综合素质。首先，要提升人的生理素质、心理素质、情感素质，提高人们的健康水平。对于当前中国来说，要解决好环境污染、食品药品监管和医疗保障这三个与人的身体素质提升紧密相关的问题。要加强人的心理、情感疏导和训练，提升当代中国人的心理素质和情感素质。要让社会成员学习先进的科学技术知识，加强社会公德、职业道德、家庭美德和个人品德教育。要通过教育和宣传增进社会成员的民主和法治意识。要提高文化产品质量，丰富人民的文化生活，不断使社会成员的相关素质获得提升。总之，当代中国促进社会合理分化和加强社会整合，离不开适宜的主体条件，只有提升当代中国人的整体素质，进而提升人们的能力和改变人们的生活状态，才能为促进社会合理分化和加强社会整合创造适宜的主体条件。

第四，注重"世界历史"因素，为合理的社会分化与整合创造良好的国际环境。

合理的社会分化与整合离不开对"世界历史"因素的关注，良好的国际环境和国际关系是当代中国促进社会合理分化和加强社会整合必不可少的条件。

创造良好的国际关系条件，要求我们在促进社会合理分化和加强社会整合时，一方面着眼于国内社会需要，为促进社会合理分化和加强社会整合创造良好的外部条件，另一方面要借助国内所取得的发展成果，为国际社会发展做出贡献。更为具体地说，就是要求我们在进行社会整合时，要弘扬"平等互信、包容互鉴、合作共赢"的精神，共同维护国际关系的公平正义。要高举"和平、发展、合作、共赢"的旗帜，维护世界和平和共同发展。在经济上，必须统筹考虑和综合运用国际国内两个市场、国际国内两种资源，坚持互利共赢，深化同发达国家和发展中国家的经济合作，加强同主要经济体宏观经济政策协调，坚持权利和义务相平衡，积极参与全球经济治理。在政治上，坚持国家不分大小、强弱、贫富一律平等，尊重主权，坚决反对各种形式的霸权主义和强权政治。积极参与各种国际组织和国际事务，推动国际秩序和国际体系朝着公正合理的方向发展，进而推进国际关系民主化。在文化上，尊重世界文明多样性，尊重和维护各国人民自主发展文化的权利，开展广泛的人文交流。讲好中国故事，传播好中国声音，积极吸收借鉴国外优秀文明成果，推动人类文明进步。总之，只有充分注重社会整合的"世界历史"因素，努力创造"国际社会共同进步的国际关系新格局"，才能不断吸收和利用全球化的积极成果并"消解随之而来的不利影响"，从而为促进社会合理分化和加强社会整合创造良好的外部条件。[1]

---

① 贾高建：《社会发展理论与社会发展战略》，中共中央党校出版社 2005 年版，第 220 页。

参考文献

著作类

[1]《马克思恩格斯文集》第 1—10 卷，人民出版社 2009 年版。

[2]《列宁选集》第 1—4 卷，人民出版社 1995 年版。

[3]《毛泽东选集》第 1—5 卷，人民出版社 1991 年版。

[4]《邓小平文选》第 1—3 卷，人民出版社 1993 年版。

[5] 陈晏清:《当代中国社会转型论》，山西教育出版社 1998 年版。

[6] 迟福林:《改革与多数人利益》，中国发展出版社 2004 年版。

[7] 陈学明:《谁是罪魁祸首》，人民出版社 2012 年版。

[8] 董正华:《世界现代化进程十五讲》，北京大学出版社 2009 年版。

[9] 樊亢:《外国经济史》，人民出版社 1980 年版。

[10] 丰子义、杨学功:《马克思世界历史理论与全球化》，人民出版社 2002 年版。

[11] 丰子义:《走向现实的社会历史哲学》，武汉大学出版社 2010 年版。

[12] 费孝通:《江村经济——中国农民生活》，外语教学与研究出版社 2010 年版。

[13] 费孝通:《中国乡绅——城乡关系论集》，外语教学与研究出版社 2010 年版。

[14] 费孝通:《乡土中国》，外语教学与研究出版社 2012 年版。

[15] 韩明谟:《社会系统协调论:关于社会发展机理的研究》，天津人民出版社 2002 年版。

[16] 韩树英:《马克思主义哲学纲要》，人民出版社 2004 年版。

[17] 侯钧生:《西方社会思想史》，南开大学出版社 2007 年版。

[18] 何显明、吴兴智、大转型:《开放社会秩序的生成逻辑》，学林出版社 2012 年版。

[19] 贾高建:《当代社会形态问题导论》，中共中央党校出版社 1994 年版。

[20] 贾高建:《三维自由论》，中共中央党校出版社 1994 年版。

[21] 贾高建:《社会发展理论与社会发展战略——建构一种逻辑体系的研究纲要》，中共中央党校出版社 2005 年版。

[22] 陆学艺、景天魁:《转型中的中国社会》，黑龙江人民出版社 1994 年版。

[23] 陆学艺：《当代中国社会阶层研究报告》，社会科学文献出版社 2002 年版。

[24] 陆学艺：《当代中国社会结构》，社会科学文献出版社 2010 年版。

[25] 刘祖云：《从传统到现代——当代中国社会转型研究》，湖北人民出版社 2000 年版。

[26] 刘祖云：《中国社会发展三论：转型·分化·和谐》，社会科学文献出版社 2007 年版。

[27] 李秀林：《辩证唯物主义与历史唯物主义原理》，中国人民大学出版社 2004 年版。

[28] 罗荣渠：《现代化新论》，商务印书馆 2004 年版。

[29] 李春玲：《断裂与碎片：当代中国社会阶层分化实证分析》，社会科学文献出版社 2005 年版。

[30] 刘少杰：《国外社会学理论》，高等教育出版社 2006 年版。

[31] 刘少杰：《西方社会学理论》，中央广播电视大学出版社 2010 年版。

[32] 李培林：《中国和谐社会稳定报告》，社会科学文献出版社 2008 年版。

[33] 刘明君、郑来春、陈少岚：《多元文化冲突与主流意识形态建构》，中国社会科学出版社 2008 年版。

[34] 马俊峰：《马克思主义价值理论研究》，北京师范大学出版社 2012 年版。

[35] 庞元正、丁冬红等：《发展理论论纲》，中共中央党校出版社 2000 年版。

[36] 钱乘旦：《世界现代化进程》，江苏人民出版社 2012 年版。

[37] 宋林飞：《西方社会学理论》，南京大学出版社 1997 年版。

[38] 孙立平：《转型与断裂——改革以来中国社会结构的变迁》，清华大学出版社 2004 年版。

[39] 孙道进：《马克思主义环境哲学研究》，人民出版社 2008 年版。

[40] 田启波：《吉登斯现代社会变迁思想研究》，人民出版社 2007 年版。

[41] 王锐生、陈荷清等：《社会哲学引论》，人民出版社 1994 年版。

[42] 王南湜：《从领域合一到领域分离》，山西教育出版社 1998 年版。

[43] 王利明：《司法改革研究》，法律出版社 2000 年版。

[44] 王伟光：《利益论》，人民出版社 2001 年版。

[45] 王怀超：《社会发展理论研究》，中共中央党校出版社 2002 年版。

[46] 吴必康：《美英现代社会调控机制》，人民出版社 2002 年版。

[47] 王沪宁：《政治的逻辑》，上海人民出版社 2004 年版。

[48] 吴晓林：《现代化进程中的阶层分化与政治整合》，天津人民出版社 2012 年版。

[49] 辛鸣：《制度论》，人民出版社 2005 年版。

[50] 谢立中：《西方社会学名著提要》，江西人民出版社 2007 年版。

[51] 严强：《社会发展理论》，南京大学出版社 1991 年版。

[52] 杨杰：《英国工资劳动者》，杭州大学出版社 1991 年版。

[53] 于海:《西方社会思想史》,复旦大学出版社 1993 年版。

[54] 袁华音:《西方社会思想史》,南开大学出版社 1988 年版。

[55] 杨耕:《马克思主义哲学研究》,中国人民大学出版社 2000 年版。

[56] 杨信礼:《发展哲学引论》,陕西人民出版社 2001 年版。

[57] 杨春贵、张绪文、侯才:《马克思主义哲学教程》,中共中央党校出版社 2002 年版。

[58] 燕继荣:《发展政治学》,北京大学出版社 2006 年版。

[59] 袁贵仁:《马克思主义人学理论研究》,北京师范大学出版社 2012 年版。

[60] 杨建华:《分化与整合——一项以浙江为个案的实证研究》,人民出版社 2012 年版。

[61] 赵家祥:《历史唯物主义原理》,北京大学出版社 1992 年版。

[62] 赵家祥、聂锦芳、张立波:《马克思主义哲学教程》,北京大学出版社 2003 年版。

[63] 郑杭生:《当代中国社会结构和社会关系研究》,首都师范大学出版社 1997 年版。

[64] 郑杭生:《社会学概论新修》,中国人民大学出版社 2003 年版。

[65] 赵敦华:《西方哲学简史》,北京大学出版社 2001 年版。

[66] 张岱年、程宜山:《中国文化论争》,中国人民大学出版社 2006 年版。

[67] 朱光磊:《政治学概要》,天津人民出版社 2008 年版。

[68] 张兴国、史娜:《当代中国社会转型与价值观嬗变》,中国社会科学出版社 2012 年版。

[69] 中共中央文献研究室:《十八大以来重要文献选编》(上),中央文献出版社 2014 年版。

[70] [日] 信夫清三郎:《日本外交史》,商务印书馆 1980 年版。

[71] [美] 富兰克林·罗斯福:《罗斯福选集》,商务印书馆 1982 年版。

[72] [美] 巴林顿·摩尔:《民主与专制的社会起源》,华夏出版社 1987 年版。

[73] [美] 加布里埃尔·A.阿尔蒙德、小 G.宾厄姆·鲍威尔:《比较政治学:体系、过程和政策》,曹沛霖等译,上海译文出版社 1987 年版。

[74] [美] 赫伯特·马尔库塞:《单向度的人》,刘继译,重庆出版社 1988 年版。

[75] [以] 艾森斯塔德.现代化:《抗拒与变迁》,中国人民大学出版社 1988 年版。

[76] [美] T.帕森斯:《现代社会的结构与过程》,梁向阳译,光明日报出版社 1988 年版。

[77] [美] 塞缪尔·亨廷顿:《变革社会中的政治秩序》,上海译文出版社 1989 年版。

[78] [美] 玛格丽特·波洛:《当代社会学理论》,孙立平译,华夏出版社 1989 年版。

[79] [美] 鲁思·华莱士、艾莉森·沃尔夫:《当代社会学理论》,孙立平等译,中国人民大学出版社 1989 年版。

[80] [美] E.A.罗斯:《社会控制》,秦志勇、毛永政译,华夏出版社 1989 年版。

[81] [美] 刘易斯·科塞:《社会学导论》, 南开大学出版社 1990 年版。

[82] [美] 埃利希·弗洛姆:《健全的社会》, 孙恺祥译, 贵州人民出版社 1994 年版。

[83] [法] 雷蒙·阿隆:《社会学主要思潮》, 华夏出版社 2000 年版。

[84] [德] 沃尔夫冈·查普夫:《现代化与社会转型》, 陆宏成、陈黎译, 社会科学文献出版社 2000 年版。

[85] [美] 乔纳森·特纳:《社会学理论的结构》, 邱泽奇译, 华夏出版社 2001 年版。

[86] [法] 埃米尔·迪尔凯姆:《社会分工论》, 渠敬东译, 生活·读书·新知三联书店 2003 年版。

[87] [美] T.帕森斯:《社会行动的结构》, 张明德、夏翼南、彭刚译, 译林出版社 2003 年版。

[88] [美] 斯塔夫里阿诺斯:《全球通史》(下卷), 北京大学出版社 2006 年版。

[89] [德] 马克斯·韦伯:《新教伦理与资本主义精神》, 陕西师范大学出版社 2007 年版。

[90] [英] 诺曼·戴维斯:《欧洲史》(下卷), 世界知识出版社 2007 年版。

[91] [美] 史蒂文·瓦戈:《社会变迁》, 北京大学出版社 2007 年版。

[92] [美] 鲁思·华莱士:《当代社会学理论》, 中国人民大学出版社 2008 年版。

[93] [英] 菲利普·梅勒:《理解社会》, 北京大学出版社 2009 年版。

[94] [美] 吉尔伯特·罗兹曼:《中国的现代化》, 江苏人民出版社 2010 年版。

[95] [德] 马克斯·韦伯:《经济与社会》, 上海人民出版社 2010 年版。

[96] [英] 安东尼·吉登斯:《现代性后果》, 田禾译, 凤凰出版传媒集团 2011 年版。

[97] [英] 威廉·乌斯怀特、拉里·雷:《大转型的社会理论》, 吕鹏等译, 北京大学出版社 2011 年版。

[98] [美] 丹尼尔·贝尔:《资本主义文化矛盾》, 江苏人民出版社 2012 年版。

[99] [美] 伊曼纽尔·沃勒斯坦:《现代世界体系》, 社会科学文献出版社 2013 年版。

[100] Spencer, H., First Principles (New York: De Witt Revolving Fund,1910), p.440.

[101] Weber, M.,The Theory of Social and Economic Organization (New York: Free Press,1947), pp.330–332.

[102] Talcott Parsons,The Social System (London: Routledge & Kegan Paul,1979), p.21.

[103] Durkheim,E.,The Division of Labor in Society(New York：Free Press,1933), p.79–80.

论文类

1.期刊论文

[1] 陈宴清等:《社会哲学的观念——关于社会哲学的对话》,《哲学动态》1998 年第 9 期。

[2] 陈晏清、王南湜:《社会哲学的视野与意义》,《南开学报》1999 年第 5 期。

[3] 陈洪江、吴素雄:《村民自治社会整合功能的两重分析》,《社会主义研究》2003年第6期。

[4] 戴桂斌:《社会转型与社会整合》,《求实》2003年第3期。

[5] 杜红旗:《和谐社会视野下的社会整合》,《社会科学战线》2008年第2期。

[6] 丰子义:《马克思社会发展理论的当代价值——兼论其把握方式和寻求途径》,《北京大学学报》(哲学社会科学版)2006年第4期。

[7] 樊青青:《国外社会整合的实现路径及其启示》,《求索》2011年第9期。

[8] 高清海、孙利天:《哲学的终结与人类生存》,《江海学刊》2003年第5期。

[9] 高清海:《中华民族的未来发展需要有自己的哲学理论》,《吉林大学社会科学学报》2004年第2期。

[10] 黄玉捷:《我国社会整合机制的重构》,《江西社会科学》1997年第9期。

[11] 黄楠森:《把哲学作为科学来研究和建设》,《人民论坛》2004年第5期。

[12] 侯才:《认识重心的转移与哲学发展的趋向》,《长白学刊》2005年第1期。

[13] 侯才:《马克思主义哲学的几个前沿问题》,《中共中央党校学报》2005年第3期。

[14] 贺文萍:《非洲民主化制约因素透视》,《西亚非洲》2005年第2期。

[15] 何绍辉:《社会整合危机初探》,《黑河学刊》2006年第4期。

[16] 贾高建:《论制度与体制的科学区分及其辩证关系》,《内部文稿》1999年第10期。

[17] 贾高建:《市场经济与政治秩序》,《中共中央党校学报》2002年第2期。

[18] 贾高建:《社会整体视野中的城乡关系问题》,《中共中央党校学报》2007年第2期。

[19] 贾高建:《拒斥与冲突:社会现代化进程中的规则建构》,《哲学研究》2011年第8期。

[20] 李安山:《探寻非洲民主之路》,《西亚非洲》2000年第4期。

[21] 陆庭恩:《非洲国家的殖民主义历史遗留》,《国际政治研究》2002年第1期。

[22] 刘媛:《三种社会整合方式之比较》,《学术交流》2003年第4期。

[23] 刘红凛、李卫华:《论社会整合机制》,《山东师范大学学报》(人文社会科学版)2003年第6期。

[24] 刘鹏:《论强化党的社会整合功能》,《理论导刊》2005年第1期。

[25] 刘润堂:《试论统一战线的社会整合功能》,《广州社会主义学院学报》2005年第2期。

[26] 刘功润:《构建社会主义和谐社会与中国社会整合》,《社会主义研究》2005年第3期。

[27] 聂运麟:《政治结构专门化分工与政治稳定》,《华中师范大学学报》(人文社会科学版)1999年第9期。

[28] 漆向东:《市场、市场机制、市场经济体制辨析》,《信阳师范学院学报》(哲学社

会科学版）1995 年第 7 期。

[29] 孙伟平、张明仓、王湘楠：《近年来我国马克思主义哲学研究评述》，《哲学研究》2003 年第 3 期。

[30] 宋德剑：《国家控制与地方社会的整合：闽粤赣客家地区民间信仰研究的视野》，《江西师范大学学报》（哲学社会科学版）2004 年第 3 期。

[31] 万俊人：《现代社会道德合理性基础论证——兼及中国现代化运作中的道德问题》，《北京大学学报》（哲学社会科学版）1996 年第 2 期。

[32] 王南湜：《社会哲学何以可能》，《学海》2000 年第 1 期。

[33] 王邦佐、谢岳：《社会整合：21 世纪中国共产党的政治使命》，《学术月刊》2001 年第 7 期。

[34] 王涛：《人性·信仰·道德与社会整合》，《东岳论丛》2004 年第 5 期。

[35] 王锐生：《马克思主义中国化的两个哲学追问——"何以需要"与"何以可能"》，《新视野》2005 年第 5 期。

[36] 王学杰：《论政府规制与市场机制相结合》，《四川行政学院学报》2005 年第 1 期。

[37] 王志勇：《转型期我党社会整合功能面临的挑战与制度应对》，《湖北社会科学》2008 年第 11 期。

[38] 王虎学、万资姿：《分化与整合：现代社会的哲学诠释》，《山西师范大学学报》（社会科学版）2009 年第 7 期。

[39] 吴晓林：《现代化进程中的社会分化与整合》，《河南大学学报》（社会科学版）2012 年第 3 期。

[40] 杨信礼、尤元文：《论社会整合》，《理论学习》2000 年第 12 期。

[41] 杨信礼：《当代中国发展哲学应关注的重大问题》，《天津社会科学》2004 年第 3 期。

[42] 杨国荣：《道德与社会整合》，《天津社会科学》2001 年第 5 期。

[43] 杨学功：《建构马克思主义哲学当代新形态》，《吉林大学社会科学学报》2004 年第 5 期。

[44] 杨和焰：《政治现代化视野中的政治结构分化与政治系统整合》，《广东行政学院学报》2004 年第 8 期。

[45] 于民：《非洲经济落后的殖民地依附性经济结构根源》，《东方论坛》2007 年第 4 期。

[46] 袁君刚：《系统整合与社会整合：分析现代社会秩序的两种逻辑》，《理论月刊》2011 年第 7 期。

[47] 朱力：《我国社会整合机制的转换》，《学海》2005 年第 1 期。

[48] 曾正滋：《寻找和谐社会的社会整合机制》，《内蒙古社会科学》2005 年第 7 期。

[49] 朱前星：《浅析转型期的中国社会整合》，《理论前沿》2006 年第 17 期。

［50］张宏明：《传统宗教在非洲信仰体系中的地位》，《西亚非洲》2009 年第 3 期。

［51］周玉渊：《从被发展到发展：非洲发展理念的变迁》，《世界经济与政治论坛》2013 年第 2 期。

［52］Kearns A & Forrest R, "Social Cohesion and Multilevel Urban Governance", *Urban Studies*, 2000, 37, pp.995–1017.

［53］Nicos Mouzelis, "Social and System Integration: Habermas' View", *The British Journal of Sociology*, Jun., 1992, No.2.

2. 博士论文

［1］邓晓臻：《社会分层论》，博士学位论文，中国人民大学，2006 年。

［2］高峰：《社会秩序论》，博士学位论文，中共中央党校，2007 年。

［3］贾绘泽：《邓小平理论与当代中国社会整合》，博士学位论文，河北师范大学，2008 年。

［4］姜卫平：《社会转型期中国共产党社会整合能力研究》，博士学位论文，中共中央党校，2010 年。

［5］李庆霞：《社会转型中的文化冲突》，博士学位论文，黑龙江大学，2004 年。

［6］卢希望：《政党的社会整合功能研究》，博士学位论文，中共中央党校，2005 年。

［7］罗峰：《变革社会中的政党权威与社会整合——对中国共产党执政体系的政治学分析》，博士学位论文，复旦大学，2006 年。

［8］刘惠：《利益分化下中国共产党的社会整合研究》，博士学位论文，西南交通大学，2011 年。

［9］宁德安：《社会整合初论》，博士学位论文，中共中央党校，2013 年。

［10］涂小雨：《转型期中国共产党社会整合机制研究》，博士学位论文，中共中央党校，2010 年。

［11］严庆：《冲突与整合——民族政治关系模式研究》，博士学位论文，中央民族大学，2010 年。

附录 1　社会哲学研究纳入生态维度何以可能 ①

随着当代中国社会的深刻转型，社会整体领域问题凸显，社会哲学研究近几年又开始复苏，并且取得了不少研究成果。但是，面对愈演愈烈的生态环境问题，社会哲学却无能为力，也似乎社会哲学本就不应该研究生态问题。扭转这种惯常的状况和认识，迫切需要把生态问题纳入社会哲学的研究领域。不这样做，我们很难理解为何会有"五位一体"总体布局，为何"绿水青山就是金山银山""保护生态环境就是保护生产力，改善生态环境就是发展生产力""良好生态环境是最普惠的民生福祉"，难以达到对生态问题认识的高度理论自觉。

一、时代赋予社会哲学的神圣使命

黑格尔在《法哲学原理》中把哲学称为"被把握在思想中的它的时代"，那么，依据历史唯物主义，社会哲学则应是对现实社会变革和社会发展的理论自觉，是对社会变革和社会发展中种种现实问题的总体性与批判性反思。

① 本文发表在《宁夏社会科学》2019 年第 2 期，因提出社会哲学研究应纳入生态维度及"总体生产力"概念，笔者认为有较大价值，特在此作为附录出版。

当代中国的社会转型与变革，已经使社会结构的复杂性及其内在矛盾日益显露出来，也深深地触动着人们从不同的视角去关注当代中国的命运，探究当代中国发展的历史进程。在所有的矛盾和问题中，人与自然关系的紧张、资源环境问题，已经成为一个重大现实问题，成为人们关注当代中国发展与命运的重要切入点。仅仅从 2017 年冬"煤改气"所引起的种种反应和争论中，我们就不仅能够感受到资源环境问题的紧迫性，更能够体会到解决环境问题的复杂性。

党的十九大报告作出了社会主要矛盾转化的重大科学判断，即"中国特色社会主义进入新时代，我国社会主要矛盾已经转化为人民日益增长的美好生活需要和不平衡不充分的发展之间的矛盾"。这里的发展"不平衡不充分"，主要有两层含义。第一层含义主要是指城乡、区域、行业之间的发展不平衡不充分，由此导致社会成员之间收入差距拉大和社会阶层的严重分化。第二层含义主要是指经济发展与社会其他领域的发展不平衡。当前我们的经济总量位居全球第二，人们的物质需求得到了较大程度的满足，随着物质生活的改善，人们的民主、法治、文化、生态需求日益凸显，与此同时，社会的政治领域、文化领域、生态领域的发展还很不充分，与经济领域的发展相比显得很不平衡。特别是生态环境问题越来越迫在眉睫，水污染、土壤污染、大气污染严重，食品安全问题突出，环境群体性事件频发，满足人们的美好生态需要任重道远。人们都不难感受到，生态问题已经成为一个亟待解决的重大社会现实问题，而作为对重大社会现实问题进行总体性与批判性反思的社会哲学，理应把生态问题真正纳入自身的研究视野。

我们这里把生态问题作为社会哲学的研究对象，更确切一点，毋宁说是生态问题应该成为社会哲学研究的一个重要维度。如果我们从社会哲学的自身使命和"五位一体"总体布局来讲，生态问题理所当然是社会哲学的研究对象，因为生态问题既是一个重大社会现实问题，又是"五位一体"总体布局中的一个组成部分。然而，如果我们从社会哲学的研究定位及社会与自然的相互区别方面来看，把生态问题作为社会哲学的研究对象似乎就行不通了。

毕竟，直接来讲，社会哲学的研究对象是社会结构体系内部各因素的相互影响、相互作用机制及其运行、发展、演化的状态和规律，简言之，就是社会结构；同时，也正是在社会与自然（生态）相互区别的意义上，才有了社会哲学与自然（生态）哲学或环境哲学的分野，而把生态问题作为社会哲学的研究对象似乎是一种混淆，或者是侵占了自然（生态）哲学的地盘。但实际情况并非如此，我们这里把生态问题作为社会哲学的研究对象，意在强调在坚持社会与自然相统一的前提下，应立足于社会结构体系来研究生态问题，强调生态问题的根源在于社会结构体系本身、生态问题的解决在于社会结构体系的变革、生态问题解决的目的在于社会主体即人的发展，这与自然（生态）哲学是截然不同的。因此，在这个意义上，生态问题不仅可以成为社会哲学的研究对象，而且这也是一种最为合理的生态问题研究的方法论选择。因为非如此，选择任何其他视角或切入点对生态问题进行研究，都无法达到高度的理论自觉，生态问题因而也很难得到及时合理的解决。当然，考虑到社会与自然（生态）的相互区别，这里，我们也可以把生态问题的社会哲学研究称为社会哲学研究的生态维度。

有人会认为，生态马克思主义者早就揭示了"生态问题本质上是社会问题"，或者社会批判理论家和后现代主义者也早就对工业社会所造成的生态后果进行了无情的批判和鞭挞，现在再讨论社会哲学研究的生态维度似乎是老生常谈，端着剩饭炒来炒去。其实不然。之所以这样讲，原因有三。一是生态马克思主义者或工业社会批判主义者所做的批判虽然都提供了有益的借鉴，但都是片面的。生态马克思主义仅仅立足生产关系和生产方式的批判，工业社会批判主义者仅仅立足于技术批判，后现代主义者多是文化批判，他们都未能从社会结构体系整体出发去阐明其对自然造成的负面影响。二是我们讨论社会哲学研究的生态维度，不只是要通过对社会结构体系的整体考察，研究生态问题的本质及其产生、演变的一般规律与处理机制等，更重要的是要研究中国而不是其他国家的社会结构体系变迁过程中的生态问题。这是生态马克思主义者和其他西方社会批判理论家无暇和无法顾及的。他们关注的只是作为"一般"的资本主义国家或工业社会，而不是处在一种独特"双重转型"① 中的当代中国社会。三是把握社会哲学研究的生态维度，解决中国的生态问题，具有深刻的世界历史意义。中国同时是社会主义国家、发展中国家、后发国家，这三重属性决定了中国生态问题的研究及其合理解决对世界所有国家都具有普遍意义。但正如我们一再强调的，中国生态问题的研究及其合理解决，只有立足社会哲学的研究视域，才能取得更为理想的效果。

二、社会哲学研究生态问题的独特优势

社会哲学研究生态问题之所以具有独特优势，主要是由两方面因素决定的。一是社会哲学研究的社会问题是着眼于社会整体领域进行研究的。"社会哲学所要研究的'社会'，不是指社会的局部而应是社会的整体，亦即包括经济、政治、文化等各个构成领域在内的完整的社会结构体系。"② 因此，社会哲学研究与经济学对经济结构和经济领域的研究、政治学对政治结构和政治领域的研究、文化学对文化结构和文化领域的研究是截然不同的，各门具体社会科学对相关领域的研究虽然能够为社会哲学研究提供宝贵的经验材料，但它们都是立足于社会的局部领域所进行的局部研究，而非整体性研究。对社会结构体系进行整体性研究，超过了各门具体社会科学的能力范围，而要突破社会问题研究的学科和领域限制，只有依靠哲学方式才是可能的，也只有进行社会哲学研究才能动态把握经济、政治、文化各领域之间的相互联结与相互作用。

这里，我们以"发展方式的绿色转换"来说明这一问题。长期以来，我们的经济发展主要靠的是高投入和高消耗，以资源环境为代价实现经济增长，有人甚至就此认为经济"有增长无发展"。随着资源环境约束趋紧、人们需求层

---

① 贾高建：《当代中国社会发展中的双重转型》，《中共中央党校学报》1997 年第 2 期。
② 贾高建：《关于社会哲学研究的若干思考》，《哲学动态》2011 年第 10 期。

次的提升以及国际竞争的加剧，这种低质量的发展已经不可持续，而要实现高质量发展，就必须推进发展方式的绿色转换。可以说，发展方式的绿色转换刻不容缓，现在人们都在讨论"发展方式的绿色转换"，努力推进绿色发展。按照惯常的理解，"发展方式的绿色转换"中的"发展"就是指经济发展，而不是指别的什么发展，这样，探讨"发展方式的绿色转换"似乎就只是经济学的使命，仅仅是经济领域的任务，但事实上却并非如此。我们要清楚的是，推进和实现经济发展方式的绿色转换，政治和文化因素是不可或缺的，经济因素无法离开政治、文化因素而独立存在，始终都要受到政治和文化因素的纠缠。

仅以农业发展方式的绿色转换为例，过去我们一提到转换农业发展方式就是单一指向技术下乡，仿佛通过农技推广部门和"科技特派员"就可以实现农业发展方式顺利转换，现在我们都明白仅仅依靠科技推广是不行的。农业发展方式的绿色转换，不仅需要绿色科技的创新和应用，而且需要转变产业结构，推动产品的多样化、个性化、优质化、品牌化，需要推进经营体系的绿色变革，发展多种形式的适度规模经营，把绿色发展融入农业生产、经营、流通、消费等各个环节。但是，这样做就能够按预期实现农业发展方式的绿色转换吗？恐怕还是不够的，因为这些仅仅是经济领域的举措。那么，还需要做什么？需要最严格的制度、最严密的法治，需要更好发挥政府作用，需要生态文明意识和绿色发展理念。也就是说，不进行绿色发展的制度变革和创新，不使生态文明意识和绿色发展理念深入人心，仅仅在经济领域打转转，农业发展方式的绿色转换是不可能持续推进的。可见，只有着眼于社会整体领域，以哲学的方式动态把握经济、政治、文化等诸种因素之间的关系及其如何作用于经济发展方式，才能够在对既往与现存的发展方式的批判和反思中，达到对发展方式绿色转换的高度理论自觉，从而真正高效推进发展方式的绿色转换。同时，我们不难理解"发展方式的绿色转换"本身也是解决生态问题的有力举措，生态问题的"社会问题"本质在这里也凸显出来，换言之，非通过整个社会结构体系的变革而不能解决生态问题。当然，对于"发展方式的绿色转换"，经济学方面的研究虽然已意识到了自身的局限，并试图结合政治和文化因素对之进行较为深入的探讨，但由于其立足点在经济领域，因此，仍然难以达到对发展方式绿色转换的总体性理性认知。

二是社会哲学研究生态问题的独特优势，是由社会哲学的研究层面决定的。着眼于社会整体领域的研究，可以分为三个研究层面，即哲学历史观层面的研究、社会哲学层面的研究、专题层面的研究。哲学历史观层面的研究，主要从哲学高度着眼于社会发展的一般规律和一般历史进程；社会哲学层面的研究，主要是围绕一定阶段社会发展的具体过程的展开而进行的研究；专题层面的研究，主要是着眼于社会发展特定阶段的特定方面问题的研究。哲学历史观层面的研究属于"元哲学"研究，抽象层次最高，专题层面的研究抽象层次最低。社会哲学层面的研究抽象层次居中，它以哲学历史观层面的研究为指导，同时也可以吸收专题层面的研究成果。历史唯物主义就是哲学历史观，它是社会哲学的"元哲学"研究基础，社会现代化研究是专题层面的研究，其研究成果能为社会哲学层面所吸收。同时，社会哲学层面的研究还可以吸收各具体社会科学的研究成果，因此，它克服了其他研究过于抽象或过于具体的缺陷，既不失丰富性又能够达到对社会问题的整体性把握。①就生态问题的研究而言，生态学和西方生态（自然）哲学的研究多是消解了人的主体性，而且生态（自然）哲学的研究也过于抽象和空泛；即使是马克思主义生态（自然）哲学的研究，也一样过于抽象，正如"哲学历史观不是包罗万象的理论学说"②一样，马克思主义自然观也不是包罗万象的理论学说，它只是提供了研究生态问题的"元哲学"基础；现代化研究所涉及的生态问题往往只停留在技术批判上；而经济学、政治学、文化学从自身领域对生态问题进行的研究却又是局部的。生态问题本质上是社会问题，随着社会变迁的加剧和生态问题的复杂化，迫切需要人们从社会结构体系整体出发对生态问题进行多维度综合研究。从社会哲学层面研究生态问题，既以历史唯

---

① 贾高建：《社会发展理论与社会发展战略》，中共中央党校出版社 2005 年版，第 19 页。
② 陈晏清、阎孟伟：《社会哲学研究的对象和任务》，《南开学报》1996 年第 6 期。

物主义和马克思主义自然观为基础，又可以吸收各层面、各学科的研究成果，因而能够从转型社会的经济、政治、文化等各种因素的相互作用及其与自然的深刻关联中，探明生态问题及其解决机制。

三、社会哲学研究纳入生态维度的着力点

社会哲学研究生态问题虽有独特优势，但问题的关键在于如何把生态问题纳入社会哲学的研究领域，或者说如何把握社会哲学研究的生态维度。对此，笔者认为，应该把握好两个重要环节或着力点，一是必须立足马克思生产力论；二是必须牢牢把握社会关系和社会制度的生态之维。

（一）立足马克思生产力论

马克思的生产力论是唯物史观的基石，马克思主义社会哲学又是以唯物史观为基础，因此，研究和发展马克思主义社会哲学决不能抛弃马克思的生产力论，否则，任何对社会哲学的发展和建构都是非马克思主义的，因而也是没有科学依据的。把生态问题纳入马克思主义社会哲学的研究领域，无疑是对马克思主义社会哲学的一种发展和建构，因而必须以马克思的生产力论为基础和依据，只有通过深入挖掘马克思的生产力论并根据时代需要合理拓展其适用范围，才能为社会哲学研究纳入生态维度奠定牢固的理论基础。

其实，在挖掘马克思生产力论方面，我国部分学者早就对之做出了努力，在大量研究经典文本的基础上，卓有成效地扩展了马克思生产力论，把马克思自然生产力概念纳入了生产力范畴。比如，柯宗瑞就批判了排除自然生产力的"半边生产力论"，提出了生态生产力概念，认为生态生产力是自然力和社会力协调统一的有机整体生产力，是人类与环境相互适应、相互制约、相互促进、相互服务、协调配合所释放出来的物质力。自然环境中的客观因素产生的自然

力、人类的主观因素产生的社会力，以及这两方面相互作用形成的结合力，共同构成了生态生产力。① 刘思华则认为，马克思的生产力论是一种广义生产力论，马克思所讲的生产力是社会经济生产力和自然生产力的有机统一。自然生产力又可以分为广义和狭义两种。狭义的自然生产力是指自然生态系统所具有的物质循环、能量转换和信息传递的能力；广义的自然生产力是指自然界给人类提供的纳入生产过程和未纳入生产过程，能够创造自然生态财富和社会经济财富的能力。自然生态系统的生产力和社会经济系统的生产力是相互耦合的有机整体，它表明了人与自然之间的双向互动与协调发展进程，即人对自然利用、索取这一"由自然到人的过程"和自然引起人反哺补偿自然的"由人到自然的过程"的有机统一。②

以上两种观点都把马克思自然生产力概念纳入了生产力范畴，对此，笔者很为赞同的，而当前学界对扩展生产力范畴的研究，总体来讲也是这两种观点的延续。不过，这两种观点虽大为相似但仍有差异，比较起来，笔者更为认可后一种观点。之所以我们赞同把马克思自然生产力概念纳入生产力范畴，一方面是因为有充足的马克思经典文本依据，两位学者据此所做的论证也是合理、充分、有力的；另一方面，把马克思自然生产力概念纳入生产力范畴，也更为有力地矫正了我们长期以来对马克思"社会存在"范畴的偏见，不矫正这种偏见，我们也很难深刻理解习近平总书记关于生态文明建设的诸多科学论断。众所周知，恩格斯在晚年书信中也曾对"社会存在"范畴做过进一步的解释和强调，把包括"地理环境"的多种因素都纳入了社会存在范畴，但遗憾的是，这一点并没有在理论上引起足够的重视。现在人类所面临的残酷资源环境现实，当代中国所面临的资源环境压力，都迫切需要我们从社会与自然的统一出发、从人类社会出发、从中国社会整体出发去观照自然，进而观照社会自身、观照当代中国的发展。把自然生产力概念纳入生产力进而

---

① 柯宗瑞：《生态生产力论》，《上海社会科学院学术季刊》1991 年第 1 期。
② 刘思华：《马克思广义生产力理论探索》，《湘潭大学学报》（哲学社会科学版）2006 年第 3 期。

纳入社会存在范畴，是理论和现实实践的需要，也是我们建构社会哲学生态维度的基石。笔者之所以更为赞同后一种观点，是因为后一种观点所使用的广义生产力概念及其所内含的"社会经济生产力和自然生产力"的有机统一，既阐明了社会经济生产力和自然生产力的耦合关系，又在坚持社会与自然相统一的前提下，把社会和自然两个相对独立的系统清晰地区别开来。这样，在我们把握社会哲学研究的生态维度时，就能够真正地立足社会去更好地把握和观照自然进而观照社会自身。但这里笔者也有些不很成熟的考虑，就是把"广义生产力"这个概念用"整体生产力""总体生产力"或"系统（人与自然相统一的大系统）生产力"来替代是不是更为恰当一些？因为这样不仅更利于把握社会与自然相统一的整体，而且更利于传播和生成一种新的学术范式。至于前一种观点虽也较好地论述了自然力和社会力的相互联结和协调统一，但其所使用的"生态生产力"这个总体概念，却容易造成从自然来观照人类社会或者利用人类社会来观照自然的假象和误解，实质上，生态中心主义与自然价值论者往往真正是这样做的。同时，这个概念对于我们把握社会哲学的生态维度也是不利的，因为它很有可能诱使我们走到非马克思主义生态哲学上去。

为了更好把握和建构社会哲学研究的生态维度，在把"自然生产力"概念纳入广义生产力概念继而纳入"社会存在"范畴之后，还必须进一步阐明自然生产力是如何影响了社会和自然两个系统尤其是如何作用于社会系统发展的。为了方便进一步阐述，我们这里就把由"社会经济生产力和自然生产力"所构成的"广义生产力"称为"总体生产力"，继而考察人类社会发展过程不同阶段的总体生产力发展状况。前工业社会阶段，由于技术和社会劳动的组织方式落后，社会经济生产力和自然生产力都处于较低的水平上，由此决定了总体生产力总量也比较低；在工业社会的早期阶段，随着技术和社会劳动组织方式的发展，社会经济生产力水平大幅提高，由于此时人类尚能够在较为合理的限度内利用资源，环境总体尚能够容纳人类活动的负面后果，自然生产力水平也在大幅提升，总体生产力因此也大幅提升；进入工业社会的中期阶段，技术和社会劳动的组织方式进一步发展，使社会经济生产力水平加速提升，但由于自然资源被掠夺式开发利用，生态环境遭到破坏，自然生产力总量逐步下降，总体生产力水平较之工业社会前期阶段虽仍在上升，但自然生产力所占比重却在减少。当工业社会发展到一定程度，总体环境容量达到临界点时，社会经济生产力水平达到了更高的水平，自然生产力则为零，此时的总体生产力就是社会经济生产力。而当到了人类活动的负面后果突破了总体环境容量时，自然生产力则成为负值，开始抵消社会经济生产力，总体生产力开始下降，此时，就迫切需要人类转变对自然的态度、改进技术、改变技术利用方式和社会劳动组织形式，以使自然生产力转负为正，与社会经济生产力同向同步发展，进而促进总体生产力不断向前发展。截至目前的人类历史，已经有力地证明了这一点，我们现在早已处在自然生产力为负的发展阶段，因此，实践上必须更加注重资源的合理利用以及生态环境的保护与修复，理论上也迫切需要我们在社会哲学研究上把握其生态维度。

（二）牢牢把握社会关系和社会制度的生态之维

建构马克思主义社会哲学的生态之维，还应该在唯物史观基础上，牢牢把握社会关系和社会制度的生态维度，在深刻理解自然对社会关系和社会制度作用的同时，更加牢牢把握好经济关系、政治关系、文化关系及其所形成的种种制度对自然的影响与意义。因为不深入考察这一点，不从社会关系的总体进行研究，不仅容易留下一种好像是在专门研究生产力经济学、生态经济学或政治经济学的印象，更谈不上在社会哲学层面上把握社会与自然的关系。

一方面，就自然对社会关系的影响而言，既然已经把自然生产力和地理环境纳入了社会存在的范畴，就应该详细考察自然生产力和地理环境如何影响了人们的社会关系。关于自然生产力，我们在前面谈到的前工业社会向工业的演进中以及工业社会自身的发展中，已经说明了自然生产力以及与其相互耦合的社会经济生产力是如何影响社会形态演进的。同时，依据唯物史观，由于不同的"技术社会形态"①所决定的社会关系性质是不同的，比如前工业社会的社会形态所体现的社会关系的性质与工业社会是截然不同的，即使是同一社会形态内部的不同发展阶段，比如工业社会早期、中期和后期，其社会关系也是有一定差异的，因此，自然生产力对社会关系的影响是不难理解的。至于"地理环境"对社会关系的影响，不少学者对此曾进行了深入研究，比如温铁军教授就有力地论证了全球气候变化对人类农业文明演化的巨大影响及其所产生的东西方政治文明的巨大差异。②我们当然不是人们印象中的地理环境决定论者，这也并不妨碍我们对地理环境因素之于社会关系变迁巨大影响的强调，实质上，"地理环境"本身也是自然生产力，之所以单列出来略加讨论，是为了引起人们足够的重视。总之，自然对人类社会变迁和社会关系演进的作用是毋庸置疑的。

另一方面，我们再来看看社会关系如何影响了自然变化。关于这一点，无论从技术社会形态视角还是经济社会形态视角考察，也都较为容易体验到社会关系演进对自然变化的深刻作用。技术社会形态视角下，前工业社会的社会劳动组织方式以及社会成员之间所形成的政治关系、文化关系与工业社会是不同的，工业社会的前期、中期、后期的社会劳动组织方式以及各种社会关系也是有差异的，正是由生产力所决定的这些社会关系的演变，导致自然界所发生的巨大变化。经济社会形态视角下，前资本主义社会的经济关系、政治关系、文化关系与资本主义社会也是不同的，在资本主义社会发展的不同阶段（比如自由资本主义与帝国主义阶段），其内部的各种社会关系同样是有变化和差异的，也正是这种变化和差异使自然界发生了巨大变化，对此，我们可以从生态马克思主义者对资本主义的批判中获得更清晰的认识。就社会制度而言，由于制度是社会关系的固定化和规范化形式（比如经济制度就是经济关系的固定化和规

① 赵家祥：《全面把握马克思主义的社会形态划分理论》，《中国延安干部学院学报》2016年第3期。

② 温铁军：《生态文明与比较视野下的乡村振兴战略》，《上海大学学报》（社会科学版）2018年第1期。

范化），因而，制度较之于非固定化和规范化的社会关系对自然界的影响就更具稳定性和持续性，进而影响也就更大。因此，把握社会哲学研究的生态维度，就应该更加重视研究由生产力所决定的各种社会关系对自然界的作用，研究由经济关系、政治关系、文化关系所形成的经济制度、政治制度、文化制度等对自然界的影响，从而指导实践中的制度、体制、机制调整与变革，以更好实现人与自然真正和谐共生，更好满足人们日益增长的优美生态环境需要。

但是，目前学术界立足生态文明建设所讨论的制度调整与变革视角，却大多不是从整体社会关系与社会制度视角展开的，概括来讲，可以将之归纳为三种向度或视角。第一种视角是以制度具有"软""硬"或正式和非正式之分来讨论生态文明制度的变革与建构。比如，有学者就认为，应从"别无选择的强制性制度、权衡利弊的选择性制度和道德教化的引导性制度"等方面来构建生态文明制度体系。[①] 有学者认为，生态文明制度是指在全社会制定或形成的一切有利于支持、推动和保障生态文明建设的各种引导性、规范性和约束性规定和准则的总和，其表现形式有正式制度（原则、法律、规章、条例等）和非正式制度（伦理、道德、习俗、惯例等）。[②] 第二种视角是依据制度的层次与效力的不同来探讨生态文明制度建构的。"生态文明或社会主义生态文明的制度构架是一个由根本制度、基本制度和具体制度组成的立体性多维构架。"所谓根本制度，是以一种最具权威性和机构实体化程度最高的形式，规定与规范着人、社会与自然之间和谐共生目标以及相应的社会与个体行为要求的生态文明制度，尤其是指由社会主义国家中生态文明政策议题或主要立法、执法和司法制度所组成的"生态文明国家"或"环境国家"体制；基本制度是指具有高度权威性和较高机构实体化程度并综合体现与规范着人、社会与自然之间和谐共生目标以及相应的社会与个体行为要求的生态文明制度；具体制度是指根本制度和基本制度之下或与之相关的，或者机构实体化程度相对较低的生态文明制

---

① 沈满洪：《生态文明制度的构建和优化选择》，《环境经济》2012 年第 12 期。

② 夏光：《建立系统完整的生态文明制度体系》http://www.qstheory.cn/st/stwm/201311/t20131114_290924.htm。

度。① 第三种研究视角是着眼于生态文明建设实践的全过程，把生态文明制度体系理解为"源头严防"制度、"过程严管"制度、"后果严惩"制度等三方面的制度架构，认为"源头严防"制度包括健全自然资源资产产权制度，健全国家自然资源资产管理体制，完善自然资源监管体制，坚定不移地实施主体功能区制度，建立空间规划体系，落实用途管制，建立国家公园体制；"过程严管"制度包括实行资源有偿使用制度，实行生态补偿制度，建立资源环境承载能力监测预警机制，完善污染物排放许可制，实行企事业单位污染物排放总量控制制度；"后果严惩"制度包括建立生态环境损害责任终身追究制，实行生态环境损害赔偿制度。②

这三种向度或视角对生态文明制度建构所做的探讨，都是很有价值的，但要对生态文明制度体系构建达到更高的理论自觉，就有待上升到哲学高度，从马克思主义社会哲学层面进行整体性研究。只有这样，才能全面把握社会关系与社会制度的生态之维，最终在唯物史观基础上建构具有紧密内在逻辑关联的生态经济制度、生态政治制度和生态文化制度，并根据现实需要与轻重缓急，把握好各种生态制度体制调整与变革的两点论和重点论，进而最大限度释放制度建构与体制改革效能。

---

① 郇庆治：《论我国生态文明建设中的制度创新》，《学习论坛》2013 年第 8 期。
② 杨伟民：《建立系统完整的生态文明制度体系》http://news.xinhuanet.com/politics/2014-01/13/c_125994259.htm。

附录 2　不平衡不充分的发展与人的全面发展 ①

——社会哲学层面的一种思考

党的十九大报告指出，"我国社会主要矛盾已经转化为人民日益增长的美好生活需要和不平衡不充分的发展之间的矛盾"。新时代我国社会主要矛盾的研究已经成为热点，不少学者基于不同的学科领域对此展开研究，并取得了丰硕成果。但由于对"社会"这个概念的理解存在偏差，或者由于对人的发展规律的把握不够深刻，研究的深度和系统性仍有待提升，鉴于此，本文拟在社会哲学的层面上对新时代我国社会主要矛盾及其相关问题做些探讨。

一、内在逻辑：人的发展与社会发展的关系辨析

党的十九大报告提到了一个重要概念，即"不平衡不充分的发展"，但从这个概念里，我们并不能直接看出"不平衡不充分的发展"的主词是谁，无法确定是谁的或谁"不平衡不充分的发展"。一般会认为这里的主词应是"社

---

① 本文为中国人学学会 2018 年年会参会论文，正式发表于《郑州轻工业学院学报（社会科学版）》2020 年第 4 期。考虑到本书重点讨论的是社会客体相关问题，社会主体问题总体上是隐而不显的，收录此文可适当弥补这方面的不足。

会"，但对"社会"这个概念却又有多种理解。笔者以为，这里的主词确实意指"社会"，但这里的"社会"应是指社会哲学层面的社会，即"包括经济、政治、文化等各个构成领域在内的完整的社会结构体系"①，而人是生存于社会结构体系中的现实的人。这个意义上的社会与人的关系，就是社会客体与社会主体的关系；社会发展就是指社会结构体系的发展，人的发展则是指社会主体的发展。② 正如社会主体与社会客体本来就是相互联结着的一样，人的发展和社会发展也处于相互作用与相互制约关系之中。社会发展能够促进人的发展，即促进人生活状态的改善与素质能力的提升；人的发展也同样可以促进社会发展，人的发展是社会发展的主体条件，具有更高素质和能力的人能够更好更快促进社会发展，但在归根结底的意义上，人的发展是社会发展的最终目的。同时，人的发展的现实状况与社会发展的现实状况，都正如各自构成自身发展的现实基础一样，也都成为对方发展的基础、前提甚至限度。而要透彻把握人的发展与社会发展的内在关联，还必须从现实的人的需要谈起。

人的发展主要是指"作为社会主体的现实的人的现实的生活状态的不断改善和综合素质的不断提高"③，而人的需要是人的发展与社会发展的逻辑起点。马克思指出，"已经得到满足的第一个需要本身、满足需要的活动和已经获得的为满足需要而用的工具又引起新的需要"④。我们从马克思的这个观点不仅可以理解人的需要是无限发展的，已经得到满足的需要不断引起新的需要，进而推动着社会发展，而且能够得知人的需要的发展必须以原先的需要为基础，同时还受技术与人的活动的决定和制约。其中，"工具"即技术起着决定性作用，而"满足需要的活动"要想进一步激发和满足新的需要，必然会是一种不同于以往的活动，这种活动就意味着分工。换言之，正是技术和分工的发展推动着新的需要的产生，也决定着新的需要满足状况。如果我们从更为直接的意义上

---

① 贾高建：《关于社会哲学研究的若干思考》，《哲学动态》2011 年第 10 期。

② 贾高建：《社会发展与人的发展：社会哲学层次的若干思考》，《新视野》2004 年第 1 期。

③ 贾高建：《社会发展理论与社会发展战略》，中共中央党校出版社 2005 年版，第 91 页。

④ 《马克思恩格斯文集》第 1 卷，人民出版社 2009 年版，第 531 页。

或者说直接从主体意义上去理解"满足需要的活动",则这种"满足需要的活动"就是交往活动,推动人的需要发展的因素就变成了技术和交往活动(及其所形成的交往关系与形式),技术和交往活动、交往关系、交往形式同样也构成了新的需要产生和发展的限度。无论是技术与分工之间的关系,还是技术与交往活动、交往形式之间的关系,其实质都是生产力与生产关系之间的关系,因为马克思早就阐明了分工与所有制的紧密联系,"分工发展的各个不同阶段,同时也就是所有制的各种不同形式"①。因此,人的需要与技术和分工之间的关系,或与技术和交往活动、交往形式之间的关系,实质上就是人的需要与生产力和生产关系之间的关系,由于生产关系(经济基础)之于上层建筑的决定作用及其相互关系,人的需要与社会(社会结构体系)之间的关系就自然呈现出来了。这样,人的需要与社会发展的内在关联就体现为人的需要与社会发展相互影响,人的需要推动人与社会的发展,社会发展促进人的需要水平不断提升并规定了提升的限度。二者相互作用的中介从客体来看是技术和分工,从主体来看则主要是人的交往活动及其所形成的交往关系和形式。马克思的这个观点无疑要比后来西方某些学者仅仅从心理学角度研究人的需要所得出的结论要深刻得多。

同样依据马克思这个论断,进而言之,人的需要还是人的发展的环节和状态,需要的满足也是人的发展和社会发展的表征和归宿。"需要—需要的满足—新的需要产生"的不断更替,无疑蕴含在这个论断之中。单就"需要的满足"来讲,需要的满足其实就是人的生活状态的改善和素质能力的提升,就是人的发展;如果把"需要的满足"放在"需要—需要的满足—新的需要产生"的不断更替中来理解,需要的满足则又构成了人的发展的中间环节。无论怎样来理解"需要的满足",需要的满足都必须经由社会发展来实现,如果我们把"社会发展"嵌入"需要—需要的满足—新的需要产生"之中,即"需要—社会发展—需要的满足—新的需要产生—社会发展",这一点则看得更为清楚。在这

---

① 《马克思恩格斯文集》第 1 卷,人民出版社 2009 年版,第 521 页。

里，"社会发展"首先是需要的满足也即人的发展的先决条件，没有社会发展而空谈人的发展显然毫无意义。此外，在这个嵌入了"社会发展"的不断更替与演进中，同样可以看清楚需要的满足也是社会发展的前提条件，只有个人的需要被满足，人的生活状态才能得到改善，素质和能力才能得到提升，新的需要才能产生，社会发展才能获得适宜的主体条件。当然，正如我们前面已经阐明的，在人的需要与社会发展之间还必须以技术和交往活动来中介。可见，考察人的发展、社会发展及两者相关作用的原理与机制，只有从现实的人的需要出发，经由技术与交往活动，才能获得更为透彻的理解。

现实的人无时无刻不处于种种关系之中，正是在人与自然、人与人、人与社会的关系中，人的需要才能得以满足，人才能生存和发展。自然界是人类社会须臾离不开的物质和能量条件，是满足人的需要的最基本源泉。"历史本身是自然史的一个现实部分，即自然界生成为人这一过程的一个现实部分。"① 人们通过技术和交往活动与周围的自然界发生着具体的历史的对象性关系，不断进行着人和自然之间的新陈代谢。正如马克思指出的，"劳动首先是人和自然之间的过程，是人以自身的活动来中介、调整和控制人和自然之间的物质变换的过程"②。要实现人与自然之间的物质变换进而满足人的需要，在制造劳动工具、获得技术的基础上，现实的个人之间还必须结成一定的关系，这种关系又只能通过生产中的交往活动才能建立，这种在生产中结成的经济交往关系或经济联系构成了整个人类社会结构体系的基础即社会的经济领域；在经济关系之上，人们之间又通过政治交往、文化交往等活动结成了政治关系、文化关系等种种社会联系，从而构成了社会的政治领域、文化领域等各种领域。现实的人不仅无法摆脱物质关系的纠缠，而且无时无刻不在政治关系、文化关系等社会联系之中，这种在技术发展基础上经由人的各种交往活动而形成的社会关系交织起来的画面，总体上构成了人们生活于其中的社会结构体系。现实的个人

---

① 《马克思恩格斯文集》第 1 卷，人民出版社 2009 年版，第 194 页。

② 《马克思恩格斯文集》第 5 卷，人民出版社 2009 年版，第 207 页。

基于自身的需要，必然要从总体上面对和处理其与整个社会的关系以及与种种共同体的关系，只有通过技术、分工和交往活动在处理各种关系中，个人才能克服现有社会关系与社会发展条件所规定的满足自身需要的限度，获得不断发展。个人的这种发展不仅意味着自身生活状态的改善和素质能力的提升，也意味着社会发展获得了更好的主体条件和开创力量。从社会哲学层面看，人类社会的历史变迁总体上讲就是这样一个人的发展与社会发展相互交织、协同演进的漫长过程。

二、时代境遇：不平衡不充分的发展与人的发展状况的双向制约

从"人民日益增长的物质文化需要"到"人民日益增长的美好生活需要"，从"落后的社会生产"到"不平衡不充分的发展"，社会主要矛盾双方同步转化的辩证运动深刻反映了社会主体与社会客体、人的发展与社会发展演进的具体的历史的统一。从社会客体即社会发展状况来看，改革开放之初"落后的社会生产"是很容易直观到的。由于技术和生产力落后，分工不发达，以及受纯而又纯的公有制的影响，社会经济领域发展状况很不理想；同时，由于经济基础对上层建筑的决定作用以及受苏联模式的影响，文化领域发展状况也很为单一，社会整体仍呈现出以政治领域为中心的"领域合一"[①] 状态。随着改革开放进程的逐步展开和苏联模式的影响逐渐淡去，我国科技创新能力大大提高，纯而又纯的公有制逐渐解体，社会主义市场经济体制逐步确立，经济活力被释放出来，连续几十年保持高速增长，已经跃升为世界第二大经济体；政治领域里，党的领导和执政水平明显提升，社会主义民主不断发展，人民的合法权益得到更好维护；文化领域里，文化日益多样化，社会主义先进文化发展迅速，马克思主义指导地位更加巩固。特别是党的十八大以来，在原有社会发展状况

---

① 王南湜：《从领域合一到领域分离》，山西教育出版社1998年版，第102页。

的基础上，在以习近平同志为核心的党中央的坚强领导下，我们又取得了"全方位的、开创性的"成就，贯彻和落实新发展理念，大力推动高质量发展，重大科技成果不断涌现，供给侧结构性改革成效明显，经济结构不断优化，"一带一路"建设发展迅速，开放型经济新体制逐步健全；全面从严治党成效卓著，党的领导体制机制不断完善，法治国家、法治政府、法治社会一体建设深入推进，行政体制、司法体制、权力监督体系改革取得新进展；文化更加繁荣，马克思主义的指导地位更加鲜明，社会主义核心价值观广泛弘扬，中华优秀传统文化创造性转化取得一定效果，文化软实力有了较大提升；等等。

　　在这些辉煌成就面前，我们很难再说社会发展的现实状况仍是改革之初"落后的社会生产"了，而是社会整体发展"不平衡不充分"。这种"不平衡不充分"，一是表现在社会整体领域发展"不充分"上。经济领域里，科技创新明显加快，但与创新型国家相比仍存在不小差距，比如有学者就指出，目前世界上二十多个创新型国家，这些国家的研发投入占 GDP 的比重大都超过了百分之二，科技对经济增长贡献率超过十成，对外技术依存度低于百分之三十，而我国科技对经济增长贡献率不足四成，对外技术依存度却高于百分之四十；[①] 供给侧结构性改革虽然取得不少成绩，但推进供给侧改革和高质量发展仍任务艰巨；市场在资源配置中决定性作用的发挥仍有较大空间，开放型经济新体制需进一步完善。政治领域里，党的领导需进一步加强，社会主义协商民主需进一步发展，公众参与机制需进一步完善，依法执政、依法治国、依法行政水平仍待提升，行政管理体制改革需加快推进，公共服务、宏观调控和市场监管水平有待进一步提高。文化领域里，维护意识形态安全任务艰巨，马克思主义的指导地位需要进一步加强，社会主义核心价值观仍需大力传播和培育，提升中华文化影响力仍需努力。二是表现在社会整体领域发展"不平衡"上。经济领域里，三次产业的关系有待进一步调整和升级，

[①]　魏全忠：《"创新驱动"发展战略的几点思考》http://theory.people.com.cn/n/2014/1120/c40537-26061968.html。

有些地方农业占比过高，而有些地方虽然农业占比不高，但工业发展仍很落后；同一产业内部的关系也需要调整，比如农业中发展养殖业还是种植业的问题、发展种植业种什么的问题，等等；政治领域里，党的集中统一领导仍需加强，中央和地方关系有待进一步协调；文化领域里，各种文化因素需要进一步整合，处理好一元主导与多样共存关系也需下大气力；民生问题成为突出短板，生态失衡严重。与此同时，社会各领域之间的关系也需要进一步协调和平衡，比如政府、市场、法治意识三者之间的关系等。社会发展的这种"不平衡"与"不充分"往往相互交织，使得解决"不平衡不充分的发展"问题变得更为复杂。

此外，发展的不平衡还体现在城乡之间和区域之间。从城乡之间来看，城市与农村作为同一个社会结构体系内部的两个相对独立而又相互联结的子系统，每一个子系统都具有自身的经济、政治、文化等基本领域和其他领域。当前的状况是农村无论哪个领域和城市相比，发展都显得比较滞后。经济领域里，由于城市以工业和服务业为主，农村以农业为主，与工业和服务业相比农业属于盈利能力比较低的产业，天然的产业部门收入差距自然会导致城乡差距。然而，问题是我国当前城乡居民之间的收入差距太大，《中国统计年鉴》显示，城镇居民人均可支配收入和农村居民人均纯收入之比自 2002 年始几乎都在三倍以上，且差额仍在不断拉大。原因一方面在于农业生产成本逐年提高而农产品价格由于受国际市场影响不升反降，另一方面则在于农村的工业和服务业发展滞后，一、二、三产业难以融合。政治领域和文化领域里，农村的公共服务供给滞后，乡村治理亟待加强，文化凋敝现象严重。从区域之间来看，中国明显存在着东部、中部、西部三种区分，每个区域自身也都形成了相对独立的包括经济领域、政治领域和文化领域等的社会整体领域，东部与西部社会整体发展目前差距依然较大。就经济领域而言，区域之间由于自然禀赋不同，经济发展各有特点或存在些许差异本属正常，但是由于区位优势、地理环境、条块分割、政策安排等这样或那样的因素，导致东部地区已经进入较高的历史发展阶段，而中西部地区特别是西部地区在相当长的时间内仍然会滞留在先前的发展阶段，如果我们拿西部地区的农村与东部地区的城市比较一下，这种差距体现得更为淋漓尽致。如同城乡差距一样，经济领域的巨大差距也必然在政治和文化领域反映出来。

从社会主体即人的发展状况来看，改革开放之初"落后的社会生产"以及整个社会发展状况决定了人的需要只能是"日益增长的物质文化需要"，当时的社会发展状况规定了人的发展限度。由于受技术发展水平、苏联模式、人民公社和单位制的影响，整体而言，生产仍是发生在"狭窄的范围内和孤立的地点上"，个人多局限于血缘、地缘特别是"职缘共同体"内部。落后的生产技术和不发达的分工使"多方面的需要"和"普遍的社会物质交换"无法形成，人与人之间的联系无法在全社会范围内建立起来。人的需要多是基本的物质需要，人的交往仅仅是在狭小共同体内部的交往且多是局限于经济层面的简单交往。这种低水平的需要和被满足程度，以及低层次和狭窄范围内的交往，极大地抑制了人的生活状态的改善与各方面素质和能力的提升。人的这种发展状况迫切要求推进社会发展并通过社会发展为人的发展提供客体条件，1978年，改革开放的序幕就此拉开，从根本上来讲，改革开放就是为了通过发展生产力破除阻碍人的发展的各种社会体制机制，促进人的不断发展。

随着改革开放步伐的日益加快，特别是党的十八大以来全面深化改革的深入推进，阻碍人的发展的体制机制逐步被打破。生产不再局限于狭窄的范围内和孤立的地点上，迅速突破了血缘、地缘特别是"职缘共同体"限制，在尽可能大的范围内被组织起来，人与人之间的经济联系在全社会甚至全球范围内得以建立。科技的飞速发展和分工的日益深化形成了普遍的社会物质交换，使全体社会成员的交往活动日益频繁、层次不断提升、范围不断拓展，"物质文化需要"获得了很大程度的满足，素质能力和生活状态得到了较大幅度的提升和改善，"更高物质文化生活"和"民主、法治、公平、正义、安全、环境"等新的多方面的需要随之被激发出来。这些新的多方面的需要综合起来就是"美好生活需要"，它的产生既标志着人的发展程度的提升，同时也构成了人的进一步发展的内容。然而，当前社会发展的"不平衡不充分"却成为这些新的日益增长的多方面的需要满足的主要制约因素，社会发展不平衡不充分阻碍了人的发展；而促进社会进一步发展，又需要社会主体具备更高的素质和能力，但社会成员现有素质和能力状况（如民主素质、法治素质、思想道德素质与政治交往能力、文化交往能力等亟待提升）同样也成为社会平衡充分发展的制约因素。也就是说，社会发展的不平衡不充分制约着人的发展，人的发展的现实状况同时也制约着社会发展，这种双向制约关系，是必须予以解决的重大时代课题。

三、实践超越：解决发展不平衡不充分问题与促进人的全面发展

虽然人的全面发展是社会发展的最终目的，但是解决发展不平衡不充分问题与促进人的全面发展，必须从社会主体和社会客体两方面同时发力，既要通过促进社会发展，解决发展不平衡不充分问题，为人的全面发展创造客体条件，又要通过提升人的素质和能力，促进人的发展从而为社会发展创造适宜的主体条件。

（一）解决发展不平衡不充分问题，为人的全面发展创造客体条件

第一，加大科技创新力度。

科技与经济领域的关系最为直接，但其涉及面不仅仅局限于经济领域，严格来讲，它是关涉整个社会结构体系的，因此，各个国家都非常重视科技创新。德国政府提出了工业4.0战略，强调加强网络虚拟系统和信息通信技术的应用，创造新兴业态，对传统行业、企业及生产系统进行流程再造，推动制造业智能化；美国2009年至今已发布了几个版本的《美国创新战略》，提出充分利用数字技术、3D打印、机器人等重塑制造业；日本和韩国分别推出了《数字日本创新计划》和《韩国科技发展长远规划2025年构想》，更加注重科技创

新与经济社会发展的科技导向；欧盟也出台了《欧洲 2020 战略》，计划加强成员国在科技创新等方面的投入与合作。新一代的技术和产业革命正在孕育，科技竞争越来越激烈，先进科技引进难度加大，社会发展的不平衡不充分，等等，都要求我们必须加大科技创新力度。推进科技创新，要加大研发投入，强化基础研究，瞄准关键核心技术和前沿引领技术，打造具有强大国际竞争力的高新技术体系；要着力深化科技体制改革，以市场为导向，切实发挥企业主体作用，推进产学研深度融合；要加快科技成果转化和应用，把先进科技成果融入包括经济、政治、文化、民生、生态等领域的社会整体领域，着力提升科技创新对社会发展的贡献率。

第二，推进社会整体领域不断发展。

经济领域里，应不断深化供给侧结构性改革，促进互联网、大数据、人工智能等与实体经济相融合，推进产业结构优化升级，加快发展现代服务业，打造和培育先进制造业集群，推动经济高质量发展；让市场在资源配置中发挥决定性作用，健全和完善产权制度，优化土地、劳动力、资本、新技术、管理等要素配置，充分保障各种市场主体的合法权益，鼓励其充分发挥自身优势，参与市场竞争。政治领域里，要继续加强党中央的集中统一领导，推进全面从严治党，进一步解决贪污腐败、脱离群众、形式主义、官僚主义等问题；理顺中央与地方关系，既要加强中央权威，又要调动地方积极性，增进上下联动和统筹协调；大力发展社会主义协商民主，增强政治吸纳能力，拓宽公众合法有序参与渠道；推进行政管理体制改革，更大力度简政放权，提高公共产品和公共服务供给质量；大力推进依法治国，强化法治保障，创造良好法治环境。文化领域里，强化马克思主义文化主导地位，大力传播和弘扬内含"诚信、自由、平等、公正、法治"等要素的社会主义核心价值观，对传统文化进行创造性转化，抵制各种外来不良文化侵蚀，协调好文化一元主导与多样共存的关系。民生领域里，加大对教育事业投入，大力发展教育事业，推进教育现代化和教育公平；坚持就业优先，大力开展职业培训，提供全方位就业服务；促进收入分配更合理更公平，缩小收入差距；加强社会保障体系建设，提高社会保障水平。生态领域里，要坚持人与自然和谐共生，注重对资本和技术的合理使用，健全促进绿色发展的体制机制。国际关系领域里，应进一步扩大对外开放，推进不同文明交流互鉴，坚持平等互利、合作共赢，反对霸凌主义，维护国家利益和国家安全。与此同时，依据历史唯物主义基本原理，还要更加重视社会各领域特别是经济、政治、文化三个领域的协调平衡问题，比如经济领域里的基本经济制度、政治领域里党的领导、文化领域里社会主义意识形态的主导地位一定要保持一致；经济领域里的市场功能、政治领域里的政府职能、文化领域里的法治意识也一定要协调一致。只有这样，才能够促进社会整体领域平衡充分发展，从而满足人民日益增长的美好生活需要。

第三，促进城乡之间、区域之间协调发展。

促进城乡之间协调发展，要合理做好城镇化布局，推动中心城市发展，建设并培育城市集群，发挥其集聚和辐射效应，与此同时还应着重大力建设和发展中小城镇，充分发挥其城乡协调发展的桥梁作用；城乡资源要素的顺畅流动是城乡之间协调发展的关键，要促进城乡资源要素合理流动，通过推进户籍和就业等制度改革以及农村耕地和宅基地流转等，使农村中的土地和劳动力等资源要素与城市中的资金、科技、管理、信息等要素在城乡之间按照市场机制充分流动、合理配置、优化组合。鉴于当前城乡发展的不平衡，促进城乡协调发展，还必须大力推动乡村振兴。乡村也是一个"五位一体"结构，因此推进乡村振兴要坚持乡村各个领域协同推进。大力推进乡村产业振兴，培育多种经营主体，充分发挥农业合作社和家庭农场作用，调整好种植业、养殖业结构，大力发展农产品加工业和农业生产性服务业，促进乡村一、二、三产业融合发展；加强乡村治理，坚持法治德治自治相结合，加大乡村投入，推进城乡公共服务均等化，增加对乡村教育、卫生、医疗等方面的投入，进一步提高农村社会保障水平，全面改善农村生产生活条件；加强农村环境治理，禁止城市垃圾向农村转移，着力解决农业面源污染问题，加大对农村工业污染的治理力度。在推进城乡之间协调发展的同时，还要大力促进区域之间协调发展。促进区域之间协调发展，需要中央政府、先富地区、欠发达地区形成合力。不仅应加大中央转移支付力度，还应在基础设施建设、科技、人才、社会保障等各个方面，做出更加有利于欠发达地区的政策制定和制度安排；先富地区应加大对欠发达地区的支持和帮扶力度，目前在这方面已经有比较好的实践和案例，比如浙江一些城市对贵州某些城市的对口帮扶就取得了较好效果；欠发达地区要积极向先富地区学习，加强交流与合作，根据本地区实际，充分发挥自身比较优势和后发优势，实现跨越发展。此外，促进城乡之间、区域之间协调发展，还应大力推进精准扶贫，要做到扶真贫、真扶贫，彻底克服脱贫攻坚中的形式主义和官僚主义，做到扶贫务求实效。

总之，加大科技创新力度，推进社会整体领域不断发展，促进城乡之间、区域之间协调发展等举措，直接来讲，是在促进社会结构体系发展，但根本来讲，实质上是基于人民日益增长的美好生活需要，设法通过技术和分工的发展，拓展和提升社会成员的交往层次和交往范围，进而满足其多方面的需要，促进其全面发展。

（二）提升人的素质和能力，为解决发展不平衡不充分问题创造适宜主体条件

人的发展包括人的生活状态的改善以及人的素质和能力的提升，人是社会发展的主体承担者，社会发展是由人来推动的。如果说，人的生活状态的改善更为显著地标志着主体需要的满足和人的发展，那么，人的素质和能力的提升则是在为自身的进一步发展提供现实可能性，人正是通过提升自身的素质和能力为推动社会发展准备着适宜的主体条件，继而也提供着自身可持续发展的前提。人只有通过不懈努力推动社会发展，才能实现自身不断发展，而要更好推动社会发展，人就需要具备更高的素质和能力。人的素质包括生理素质、心理素质、情感素质、思想道德素质、民主素质、法治素质、审美素质等，任何一项素质的缺失，都意味着人的发展的不全面，也都会影响社会发展。例如，情

感素质和心理素质的缺失或不足，会影响个体心理承受能力和交往能力；思想道德素质的缺失或不足，可能导致社会失范、丧失凝聚力；同样，如果社会成员民主和法治素质低下，社会的政治发展进程就会受阻；等等。

如前所述，作为社会主体，无论是社会成员个体的综合素质提升，还是全体社会成员的素质提升，都需要通过促进社会整体领域更加平衡充分地发展为其提供必要的客体条件。但在最直接的意义上，社会成员素质的提升还是从接受教育开始的。我们这里所说的教育是一个更为宏观的概念，教育者是指所有传道、授业、解惑者，受教育者则是通过接受教育使自身素质获得提升的社会成员。教育者本身也是受教育的，提升社会成员的素质，要求教育者首先必须具备一定的素质。教育者要通过不断的学习和实践，提升自身的各种素质，提升教育理念与教育方式，同时，教育内容必须是全方位的，其指向应是提高社会成员的综合素质。在现代科技和信息化日新月异的时代条件下，教育者和受教育者均应树立终身学习的理念，切实培养和掌握更加高效的学习方法，毕竟，不能使学习更为有效的人越来越难以满足社会发展对自身的要求。

如果说接受教育是提升人的素质的基本前提的话，那么，实践则是提升人的素质的根本途径。实践使主客体相统一，从而把人的发展和社会发展联结在一起，同时，作为人的发展的一个重要方面，人的素质只有通过生产、科学实验、交往等各种实践活动才能展现出来，从隐性走向显性，在实践中通过"素质—能力—素质"之间的不断转化，才能获得提升。在实践中，人的素质经由具体的对象化活动，转化为人的能动的本质力量（能力），并在自身积累沉淀下来，进而又转化为人的素质，这时人的素质就获得了一次提升；已经获得提升的人的素质，再通过主体新的实践活动，又显示出主体自身的能动力量。这样循环往复、以至无穷，不断实现着主体素质与能力之间的转化和提升。① 要使这种转化与提升达到更好的效果，必须在实践中充分发挥人的主体性。由于

---

① 李红松：《五大发展理念与人的发展（二）》，《理论研究》2017 年第 1 期。

历史惯性，当代中国人的主体性受压抑的状况仍未根本消除，这就必然要求在习近平新时代中国特色社会主义思想的指引下，通过全面深化改革和体制机制创新，进一步发挥人的积极性、主动性、创造性，加快提升全体社会成员的素质和能力，唯有如此，新时代中国特色社会主义事业才有更适宜的主体承担者，才能蓬勃向前发展，人的全面发展也才能更好实现。

后 记

值本书出版之际，衷心感谢恩师贾高建教授！回首攻读博士学位的三年，时光荏苒，却很充实；其中有汗水，更多的则是收获。入学之时，恩师让我研读《知识分子："士志于道"和"社会的良心"》这篇文章，开启了对我人格的塑造和培养。文中精神境界，犹如一座灯塔，指引着我为人为学之路。三年间，恩师给我开设了三门课程，课堂上恩师的谆谆教诲总回响在我的耳畔，启迪着我的智慧，锻造着我的学术素养，使我真正深刻懂得了何为学术研究、如何才能做好学术研究。在论文撰写的整个过程中，恩师更是付出了太多辛劳！从论文选题到提纲和开题报告的撰写，都是在恩师与我多次仔细推敲下完成的。恩师不辞辛劳范导、指点、圈点（哪怕是一个词），使我突破了层层迷雾。恩师的为人之道、学术造诣、精神境界令我敬仰！

能成为恩师的学生，得到恩师的教诲和点拨，我是荣幸的。然作为恩师的学生，我又是愧疚的，虽刻苦努力、不敢懈怠，但为人为学仍亟须改进。这种交织的荣幸和愧疚，对于我始终是永不退却的巨大鞭策！毕业几年来，一直致力于新发展理念、生态文明建设与"三农"问题研究，现偶有闲暇把博士论文修改整理出版，颇为激动！在此，感谢中共中央党校哲学部老师们的付出，特别是侯才教授、杨信礼教授、毛卫平教授、何建华教授给予的悉心指导！感谢王东教授对我的殷殷嘱托！感谢丰子义教授、张峰教授、郝立新教授、杨春长教授，我曾在不同场合求教于他们！感谢我的家人，尤其是我的母亲和妻子对家庭的辛苦付出以及她们为我所分担的一切！

责任编辑：李怡然

封面设计：汪　莹

图书在版编目（CIP）数据

现代化进程中的社会分化与社会整合研究 ／ 李红松著．

北京 ： 人民出版社，2025. 6. -- ISBN 978 - 7 - 01 - 027178 - 1

Ⅰ．D66

中国国家版本馆 CIP 数据核字第 2025C9A156 号

现代化进程中的社会分化与社会整合研究

XIANDAIHUA JINCHENG ZHONG DE SHEHUI FENHUA YU SHEHUI ZHENGHE YANJIU

李红松　著

人民出版社 出版发行

（100706　北京市东城区隆福寺街 99 号）

北京建宏印刷有限公司印刷　新华书店经销

2025 年 6 月第 1 版　2025 年 6 月北京第 1 次印刷

开本：710 毫米 × 1000 毫米 1/16　印张：12.5

字数：180 千字

ISBN 978 - 7 - 01 - 027178 1　定价：69.00 元

邮购地址 100706　北京市东城区隆福寺街 99 号

人民东方图书销售中心　电话（010）65250042　65289539